Jo-Jo

Arbeitsheft
Fördern und Inklusion 3

Erarbeitet von

Monika Budke
Anne Goecke
Gabriele Woitalla
Marion Wolf

Cornelsen

Jo-Jo

Arbeitsheft
Fördern und Inklusion **3**

Erarbeitet von	Monika Budke, Anne Goecke, Gabriele Woitalla, Marion Wolf
Redaktion	Susanne Knipper, Gabriela Korup
Illustrationen	Susann Hesselbarth, Gabriela Silveira
Umschlagillustration	Barbara Jung
Layoutkonzept	Heike Börner
Technische Umsetzung	beluga-grafikbüro (Jutta Stindtmann), Berlin

Text- und Bildquellen

Seite 12: Jooß, Erich: Zwölf Monate hat das Jahr. Würzburg: Echter Verlag 1992.
Seite 29: Selway, Martina: Ich hasse Roland Roberts. Aus dem Engl. übertragen von Christiane Wilke. Hildesheim: Gerstenbergverlag 1996.
Seite 40: Raupe: Shutterstock Florian Andronache, Schmetterling: Shutterstock Creative Nature Media, Brennessel: Fotolia roman_pelesh.

www.cornelsen.de

Alle Drucke dieser Auflage sind inhaltlich unverändert und können im Unterricht nebeneinader verwendet werden.

1. Auflage, 5. Druck 2023

© 2017 Cornelsen Verlag GmbH, Berlin

Druck: Athesiadruck GmbH

ISBN 978-3-06-083629-1

PEFC-zertifiziert
Dieses Produkt stammt aus nachhaltig bewirtschafteten Wäldern

PEFC
PEFC/18-31-166   www.pefc.de

Inhalt

Miteinander

1 Beantworte die Fragen.

Wer spielt mit Murad und Sara Basketball?

_____ spielt mit Murad und Sara Basketball.

Wer hilft seinem Freund beim Klettern?

_____ hilft seinem Freund beim Klettern.

Welches Mädchen spielt Tischtennis?

_____ spielt Tischtennis.

Welche Jungen haben Streit miteinander?

_____ und _____ haben Streit miteinander.

Wer läuft auf Becherstelzen?

_____ läuft auf Becherstelzen.

2 Schreibe in die Sprechblasen, was die Kinder sagen.

● die Wunde

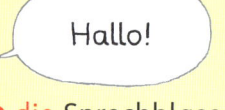
Hallo!

● die Sprechblase

○ die Becherstelzen

Bilder und szenisches Spiel auf Sprachbuchseite 4
müssen vorher gemeinsam besprochen werden.

Geschichtenanfänge

1 Lies zuerst den roten Hauptteil der Geschichte.
Lies dann die beiden blauen Geschichtenanfänge.
Welcher Anfang passt zum Hauptteil? Verbinde.

Geschichtenanfang 1:

Gestern wollte Lisa in
der großen Pause klettern.
Sie stellte sich in die Reihe.

Hauptteil der Geschichte:

Plötzlich kam Leo auf
den Schulhof gerannt
und drängelte sich vor.
Nils und Lea sagten nichts.
Sie hatten Angst.
Lisa schimpfte:
„Leo, stell dich hinten an!"
Aber Leo hörte nicht auf Lisa.

Geschichtenanfang 2:

Gestern ging ich mit meiner
Schwester auf den Spielplatz.
Wir wollten auf dem neuen
Klettergerüst rutschen.

2 Wie soll die Geschichte weitergehen?
Wähle einen Schluss und schreibe ihn auf.

3 Schreibe die ganze Geschichte in dein Heft.

Die Begriffe Geschichtenanfang, Hauptteil und Ende/Schluss müssen mit allen Kindern
gemeinsam erläutert werden. Die Bilder der Aufgabe 2 im Arbeitsheft dienen als Hilfe.
Es kann auch ein eigener Schluss geschrieben werden.

Nomen, Artikel, Einzahl, Mehrzahl

Nomen = Namenwort
Artikel = Begleiter (der, die, das)
Einzahl = nur eins
Mehrzahl = mehr als eins

1 Schreibe zuerst die Nomen mit ihrem Artikel in der Einzahl in die Tabelle.

Einzahl	Mehrzahl
 die Tafel	die Tafeln

2 Finde hier die passenden Nomen in der Mehrzahl.
Schreibe sie mit Artikel in die Tabelle oben.

Papierkörbe   Köpfe   Hefte   Tische   Tafeln

Stühle   Radiergummis   Schwämme   Schränke

3 Was hat sich bei den Nomen in der Mehrzahl verändert?
Übermale es gelb.

4 Verbinde Einzahl und Mehrzahl. Übermale, was sich verändert.

● der Raum   ● das Land   ● die Bank   ● das Haus

○ die Länder   ○ die Häuser   ○ die Räume   ○ die Bänke

Die Begriffe *Nomen, Artikel, Einzahl, Mehrzahl* und *Umlaute* sollten vorher
mit allen Kindern gemeinsam wiederholt bzw. thematisiert werden.

Satzarten

(1) Luis und Sophie streiten sich.
Suche dir ein anderes Kind.
Lest und spielt das Gespräch.
Achtet dabei auf die Betonung.

Satzschlusszeichen:
Aussage .   Frage ?   Ausruf !

(2) Trage die Satzschlusszeichen ein.

> Woher hast du meinen Ball ?

> Ich habe ihn aus der Pausenkiste

> Gib mir sofort meinen Ball
> Er gehört mir

> Nein,
> du Blödmann
> Dieser Ball gehört uns allen

> Ich will jetzt Fußball spielen
> Gibt her

> So kommen
> wir nicht weiter
> Soll ich den Streitschlichter holen

> Oh ja
> Das ist eine gute Idee

(3) Lies den Text. Mache nach jedem Satz einen Punkt.

Sophie und Luis wollen sich wieder vertragen Schnell holt Sophie
die Streitschlichter Sofort kommen Mesut und Lina Die vier Kinder
sprechen miteinander Nach kurzer Zeit können sie den Streit schlichten

Ordnen und nachschlagen

1 Ordne die Wörter nach dem ABC.

singen   lernen   arbeiten   turnen   basteln   malen   hüpfen   klettern

arbeiten,

2 Ordne diese Wörter nach dem ABC.
Welcher Buchstabe ist wichtig? Übermale ihn gelb.

| ausmalen | lernen | singen | turnen |
| arbeiten | lachen | springen | tanzen |

arbeiten

ausmalen

3 Ordne auch diese Wörter nach dem ABC.
Welcher Buchstabe ist hier wichtig? Übermale ihn gelb.

anrufen	helfen	schreien	verlaufen
anfangen	heben	schlagen	verraten
ankommen	heulen	schimpfen	verlieren

anfangen

ankommen

anrufen

4 Welcher Buchstabe ist hier wichtig? Übermale ihn gelb.
Ordne die Wörter nach dem ABC. Schreibe Zahlen in die Kästchen.

☐ wegwischen   ☐ weglaufen   ☐ weggehen   ☐ wegfahren

A B C D E F G H I J K L M N O P Q R S T U V W X Y Z

Das Ordnen nach dem ABC mit allen Kindern gemeinsam wiederholen
und dabei auch die Vorgehensweise bei gleichen Buchstaben besprechen.

Hier üben wir

1 Lies den Text.

Die Kinder machen eine Nachtwanderung.
Kleine Sterne blitzen am Himmel.
Vor den Mond schieben sich schwarze Wolken.
Herr Frank und die Kinder gehen mit
ihren Taschenlampen in den Wald.

2 Beantworte die Fragen.

Was blitzt am Himmel? _____ blitzen am Himmel.

Wer geht mit den
Kindern in den Wald? _____ geht mit den Kindern in den Wald.

Was nehmen
die Kinder mit? Die Kinder nehmen _____ mit.

3 Schreibe den Text aus Aufgabe 1 richtig ab. Diese Tipps helfen dir.

① Lies zuerst den ganzen Satz.
② Merke dir einen Abschnitt.
③ Decke den Abschnitt zu und schreibe ihn auf.
④ Sprich beim Schreiben leise mit.
⑤ Decke auf, kontrolliere jedes Wort und verbessere Fehler.

Die Kinder _____

_____

_____

_____

_____

L Ordne fünf Namen aus deiner Klasse nach dem ABC.
Schreibe sie in dein Lerntagebuch.

Der Übungstext der Sprachbuchseite 9
muss vorher inhaltlich erarbeitet sein.

9

Herbstwind

1 Was gehört zusammen? Verbinde.

Die Sonne scheint.
Es ist sonnig.

Bei Nebel können wir
nicht gut sehen.

Der Nebel zieht
ums Haus.
Es ist neblig.

Regenhose und
Gummistiefel schützen
uns.

Der Wind weht.
Es ist windig.

Wir gehen spazieren
und sammeln Kastanien.

Der Regen fällt.
Es ist regnerisch.

Die Kinder lassen
ihre Drachen steigen.

2 Was machst du im Herbst? Schreibe es auf und male dazu.

Die Bilder vor Bearbeitung des Arbeitsheftes mit allen Kindern besprechen.

Gedichte

1 Dieses Gedicht ist ein Rondell. Achte auf die kleinen Bilder und die Farben.

 Die Tage werden kürzer.

 Es ist Herbst.

 Eichhörnchen sammeln Vorräte.

 Die Tage werden kürzer.

 Zugvögel sammeln sich.

 Sie fliegen in warme Länder.

 Die Tage werden kürzer.

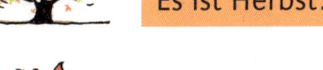 Es ist Herbst.

Bauplan für ein Rondell:

1
2
3
4
5
6
7
8

2 Vervollständige das Rondell. Die Farben helfen dir.

Die Tage werden kürzer.

Wir gehen in den Wald.

Kastanien fallen vom Baum.

Wir basteln Kastanienmännchen.

3 Schreibe dein Gedicht ins Heft ab.

Das gesamte Gedicht muss mit allen Kindern gemeinsam vorbesprochen werden.

11

Verben

1 Lies den Text. Unterstreiche die Verben. Tipp: Du kannst elf Verben finden.

Drachenzeit

Wie bunte Vögel
<u>fliegen</u> die Drachen
und schlagen Purzelbäume
in der hellen Luft.
Sie tanzen
mit dem Wind,
der die Blätter schüttelt
und die Zweige biegt.

Ein feuerroter Drachen
wirbelt wild,
dreht sich im Kreis.
Er reißt sich los.
Er steigt und steigt
und ruht erst aus
auf einer Wolke
ganz nahe
am Himmel.

Erich Jooß

2 Schreibe die Verben auf.

fliegen,

3 Ordne die Wetterwörter in die Tabelle ein.

Wolke   Drachen   wild   wehen   wolkig   Sturm
wirbeln   biegen   stürmisch

Nomen	Verben	Adjektive
die Wolke		

losreißen   steigen   Purzelbäume schlagen
biegen   schütteln   ausruhen   wirbeln

Die Kennzeichen von Verben zuvor
mit allen Kindern gemeinsam wiederholen.

Grundform und Personalform

Ich   spiel**e** mit dir.

Du   spiel**st** mit mir.

Sie   spiel**t** allein.

Er   spiel**t** mit Ben.

Wir   spiel**en** zusammen.

Ihr   spiel**t** Verstecken.

Sie (alle) spiel**en** draußen.

> **!** Verben haben eine Grundform: ziehen
> Verben haben Personalformen:
> ich zieh**e**, du zieh**st**,
> er zieh**t**, sie zieh**t**, es zieh**t**,
> wir zieh**en**, ihr zieh**t**, sie (alle) zieh**en**

① Was gehört zusammen? Verbinde.

ihr kommt   er schaut   wir kommen   er schafft

(kommen)   (schauen)   (schaffen)

ich komme   ich schaffe   ich schaue   sie (alle) schaffen

② Bilde die Personalformen. Schreibe sie in die Tabelle.
Übermale die verschiedenen Endungen gelb.

Grundform:	**kommen**	**schieben**	**rennen**
ich	*komme*		
du			
er			
sie			
es			
wir			
ihr			
sie (alle)			

Die Begriffe *Grundform* und *Personalform* müssen zuvor
mit allen Kindern gemeinsam besprochen und erläutert werden.

Verlängern: b, d, g am Wortstammende

1 Setze bei den Nomen den fehlenden Buchstaben ein.

g oder k?	d oder t?	b oder p?

alle We **g** e	alle Fel er	alle Kör e
● der We	● das Fel	● der Kor

2 Finde die passende Verlängerung. Verbinde.

er färbt · sie hebt · sie legt · du hebst · er treibt · färben · kleben · du klebst · du färbst · legen · treiben · heben · es klebt · ihr treibt · du legst

3 Finde den richtigen Buchstaben. Verlängere und setze ein.

Im Wald lie **g** en viele Blätter.    Ein Blatt lie   t im Korb.

Die Jäger ja   en das Wildschwein.    Die Katze ja   t die Maus.

Die Wolken schwe   en am Himmel.    Ein Luftballon schwe   t davon.

Bei Regen blei   en viele zu Hause.    Der Hund blei   t im Korb.

Einführung bzw. Wiederholung der Wortverlängerung
zuvor mit allen Kindern gemeinsam besprechen.

Hier üben wir

1 Lies den Text.

Auf dem Schulweg
Die Blätter fallen von den Bäumen.
Ein kalter Wind bläst.
Er treibt die Blätter über das Feld.
Am Himmel ziehen Wolken.
Mia trägt eine Mütze. Sie schiebt
die Hände in die Taschen ihrer Jacke.

2 Was gehört zusammen? Verbinde.

Die Blätter	ziehen Wolken.
Der Wind	eine Mütze.
Am Himmel	fallen von den Bäumen.
Mia trägt	treibt die Blätter über das Feld.

3 Schreibe den Text von Aufgabe 1 ab.
Denke an die Abschreib-Tipps. Oder: Lies noch mal auf Seite 9 nach.

Auf dem Schulweg

L Schreibe ein Verb in allen Personalformen auf.

Der Übungstext der Sprachbuchseite 15
muss vorher inhaltlich erarbeitet sein.

15

Es wächst und grünt

① Im März

② Im Mai

③ Im Juli

④ Im September

1 Ordne die Sätze den Bildern zu.

	Das Getreide ist geerntet.
	Im Kornfeld blühen rote Mohnblumen und blaue Kornblumen.
1	Der Winter ist vorbei, das Feld wird gepflügt.
	Auf dem Feld sind die ersten grünen Pflänzchen zu sehen.
	Hoch über dem Stoppelfeld fliegt ein Bussard.
	Ein Regenwurm kriecht durch das frisch gepflügte Feld.
	Das Kornfeld leuchtet goldgelb in der Sonne.
	Der Frühling lässt die Pflanzen wachsen.

2 Schreibe die Sätze in der richtigen Reihenfolge ins Heft.
Nimm die Monatsnamen als Überschrift.

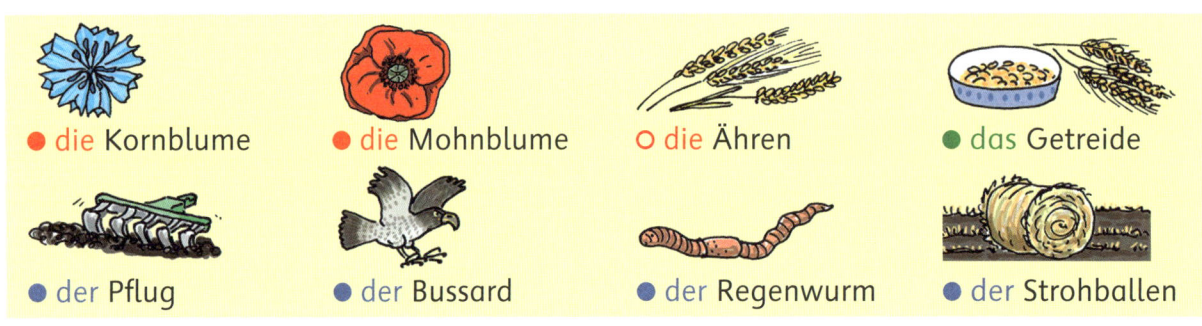

● die Kornblume ● die Mohnblume ○ die Ähren ● das Getreide

● der Pflug ● der Bussard ● der Regenwurm ● der Strohballen

Die Bilder vor Bearbeitung der Arbeitsheftseite
mit allen Kindern gemeinsam besprechen.

Stichworte für Sachtexte

Stichworte sind wichtige Wörter. Sie helfen dir, zu erzählen, was in einem Text steht.

1 Lies den Text über die Getreidesorte Reis.

Reis ist die älteste Getreidesorte.
Reis ist ein wichtiges Nahrungsmittel.
In Indien und China essen viele Menschen
dreimal am Tag Mahlzeiten,
die hauptsächlich aus Reis bestehen.

2 Finde wichtige Stichworte in dem Text über Reis.
Beantworte dazu die Fragen. Die Farben helfen dir.

Wie heißt die
älteste Getreidesorte?

Welche Bedeutung hat
Reis für die Menschen?

In welchen Ländern
wird viel Reis gegessen?

3 Lies den Text über die Getreidesorte Weizen.

Für uns in Europa ist Weizen das wichtigste Getreide.
Im Spätsommer ist der Weizen reif.
Seine Ähren tragen dicke Körner.
Die Körner werden zu Mehl gemahlen.
Aus dem Weizenmehl werden Brot, Kuchen,
Kekse und Nudeln hergestellt.

4 Finde wichtige Stichworte in dem Text über Weizen.
Beantworte dazu die Fragen. Unterstreiche die Antworten im Text farbig.
Benutze die Farben der Fragen.

Welches Getreide wird hier beschrieben?
Wo ist Weizen das wichtigste Getreide?
Wann ist der Weizen reif?
Woraus bestehen die Ähren?
Was wird aus den Körnern gemahlen?
Was wird aus Weizenmehl hergestellt?

5 Schreibe deine Stichworte auf einen Zettel.
Erzähle einem Partnerkind, was du über den Weizen erfahren hast.

Die Sprachbuchaufgaben 1 und 2 mit allen Kindern gemeinsam erarbeiten,
anschließend wird im Arbeitsheft an einem ausgewählten Textabschnitt
selbstständig gearbeitet (Textarbeit).

Adjektive

1 Lies den Text. Unterstreiche die Adjektive.

Der Traktor ist neu.

Der Motor ist laut.

Das Gehäuse ist grün.

Die Räder sind groß.

Die Scheinwerfer sind hell.

Die Scheiben sind sauber.

2 Stelle die *Wie-Fragen*. Schreibe die Antworten dazu auf.

Wie ist der Traktor?   neu

3 Schreibe die Adjektive vor die Nomen.
Vergleiche mit Aufgabe 1: Was hat sich bei den Adjektiven verändert?
Übermale es gelb.

hellen   ~~neue~~   grüne   großen   sauberen   laute

Der **neue**   Traktor fährt.

Der   Motor knattert.

Das   Gehäuse glänzt.

Die   Räder rollen.

Die   Scheinwerfer leuchten.

Die   Scheiben sind aus Glas.

© 2017 Cornelsen Verlag, Berlin. Alle Rechte vorbehalten.

Die Kennzeichen von Adjektiven zuvor mit allen Kindern gemeinsam wiederholen (z.B. mit einem Ratespiel aus Klasse 2). Bei den flektierten Formen auf die Endungen im Singular (e) und Plural (en) aufmerksam machen.

Adjektive mit -ig und -lich

1 Unterstreiche die Adjektive. Male die Endungen -ig und -lich gelb an.

Die Brötchen sind knusprig.

Die Roggenbrote sind würzig.

Die Rosinenmännchen sind lustig.

Die Laugenbrezeln sind salzig.

Die Baguettes sind appetitlich.

2 Schreibe die Adjektive vor die Nomen.

die salzigen _____ Laugenbrezeln

_____ Roggenbrote

_____ Brötchen

_____ Baguettes

_____ Rosinenmännchen

3 Finde zu jedem Nomen das passende Adjektiv.

| täglich | appetitlich | vorsichtig | lustig | kräftig | ~~eckig~~ | ängstlich | freundlich |

● die Ecke

eckig _____

● der Tag

_____

● die Kraft

_____

● die Vorsicht

_____

● der Appetit

_____

● die Angst

_____

● die Lust

_____

● der Freund

_____

4 Schlage in der Wörterliste bei F/f nach.
Finde dort vier Adjektive mit -ig oder -lich. Schreibe sie auf.

_____

Aufgabe 2: Auf die Flexionsendung hinweisen.
Zur Bearbeitung der Aufgabe 3 sollte zuvor Sprachbuchseite 19,
Aufgabe 4 mit allen Kindern gemeinsam bearbeitet werden.

19

Verlängern: Adjektive

1 Schreibt man: d oder t, g oder k, -ig oder -lich?
Verlängere die Adjektive, dann hörst du es.

run **d** *die runde Torte*   ● die Torte

bun   ● das Tuch

gesun   ● das Brot

salzi   ● die Brezel

lan   ● das Baguette

safti   ● die Melone

freund   ● der Bäcker

2 Setze die Adjektive richtig in die Lücken ein.
Achte auf die Verlängerung.

knusprig   saftig   ~~lang~~   witzig

Das Klassenfrühstück

Der *lange* Tisch ist schön gedeckt.

Die _____ Brötchen duften herrlich.

Die _____ Melonenstücke sehen lecker aus.

Die _____ Wurstbrote haben Gesichter.

Die Wortverlängerung bei Adjektiven als Rechtschreibhilfe kennen lernen, auf unterschiedliche Flexionsendungen aufmerksam machen.

Hier üben wir

1 Lies den Text. Finde zu jedem Satz das passende Bild.
Schreibe die Nummer zu dem Bild.

Beim Bäcker
① In der Bäckerei gibt es viele leckere Brotsorten.
② Der Bäcker bäckt sie aus Mehl, Salz, Wasser und Hefe.
③ Eine große Maschine knetet den salzigen Teig.
④ Der Bäcker formt längliche Brote und runde Brötchen.
⑤ Auf einem eckigen Backblech schiebt er die Brote in den Backofen.

2 Ordne die Nomen nach dem ABC. Schreibe sie mit ihrem Artikel auf.

● Mehl   ● Salz   ● Brot   ● Maschine   ● Backblech   ● Teig

das

3 Ordne die Verben nach dem ABC. Schreibe sie auf.

~~backen~~   kneten   schieben   formen   geben   messen   holen

backen,

L Schreibe fünf Adjektive mit -ig und -lich auf.

Der Übungstext der Sprachbuchseite 21
muss vorher inhaltlich erarbeitet sein.

21

Winterkälte

1 Ordne die Satzteile dem richtigen Bild zu.

schwedische	Im Dezember	füllt die Socken am Kamin mit Süßigkeiten und Geschenken.
englische	Brennende Kerzen	sollen Licht in die dunkle Jahreszeit bringen.
spanische	Father Christmas	kann man im ganzen Land prächtige Weihnachtskrippen sehen.

Der *englische* _____ Weihnachtsbrauch:

_____

_____

_____

Der _____ Weihnachtsbrauch:

_____

_____

_____

Der _____ Weihnachtsbrauch:

_____

_____

_____

2 Kennst du noch einen anderen Brauch?

_____

_____

Bilder und Texte der Sprachbuchseite 22 vor Bearbeitung
der Arbeitsheftseite mit allen Kindern gemeinsam besprechen.

Zusammenfassungen

1 Finde zu jedem Bild den passenden Textabschnitt. Schreibe die Bildnummer dazu.

Viele spanische Familien stellen zu Hause eine Weihnachtskrippe auf. Sie besteht aus vielen Figuren.

Ab Mitte Dezember werden in Spanien Wohnhäuser, Geschäfte und Straßen weihnachtlich geschmückt.

Am 24. Dezember gibt es ein festliches Familienessen.

Am 6. Januar findet die Bescherung statt. An diesem Tag erreichen die Heiligen Drei Könige die Krippe.

2 Unterstreiche die Stichworte im Text. Beantworte die Fragen.

In welchem Land gibt es diesen Brauch?

Was stellen spanische Familien zu Hause auf?

Wer erreicht am 6. Januar die Krippe?

Wörtliche Rede

1 Lies das Gespräch.

2 Schreibe das Gespräch geordnet auf. Setze die Redezeichen.

 „Hat

Die *wörtliche Rede* und ihre Satzzeichen müssen zuvor mit allen Kindern gemeinsam besprochen und erläutert werden.

Redebegleitsätze

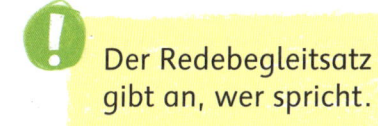

1 Lies das Gespräch.
Schreibe die passenden Verben für sagen in die Redebegleitsätze.
Die Farben helfen dir.

sagt   fragt   kündigt an   ruft   meint

Tessa [   ]: „Unsere Aufführung war wirklich toll."

Mario [   ]: „Wir haben viel Applaus bekommen."

Ben [   ]: „Hast du dir wieder Modellbau-Technik gewünscht?"

Felix [   ]: „Ja, den großen Kran!"

Mario [   ]: „Ich bekomme eine Digital-Kamera."

2 Schreibe das Gespräch ab. Achte auf Doppelpunkt und Redezeichen.

Tessa sagt:

3 Unterstreiche die Redebegleitsätze blau.
Unterstreiche die wörtliche Rede rot.

● der Applaus   aufführen, ● die Aufführung

Gemeinsame Erarbeitung der *wörtlichen Rede/des Redebegleitsatzes* mit allen Kindern. Optische Hervorhebung der Satzstrukturen durch zweifarbiges Unterstreichen.

25

Merkwörter mit h (M)

1 Die Lehrerin übt mit den Kindern ein neues Weihnachtslied.
Lies den Text des Liedes.
Suche das stumme h und male es gelb an.

Alle Jahre wieder
kommt die Weihnachtszeit.
Weihnachtsmann und
Weihnachtsbaum
sind dann nicht mehr weit.
Fröhlich sind die Kinder,
machen sich bereit,
basteln Weihnachtssterne,
bald ist es so weit.

2 Welche Wörter gehören zur selben Wortfamilie?
Male den Wortstamm einer Wortfamilie mit der gleichen Farbe an.

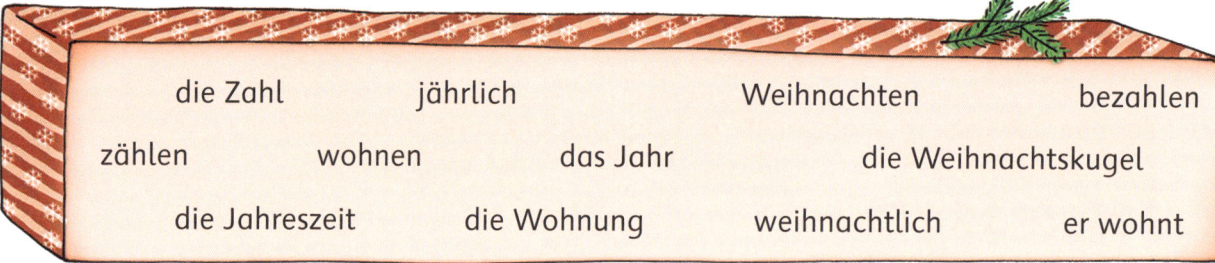

die Zahl	jährlich	Weihnachten	bezahlen
zählen	wohnen	das Jahr	die Weihnachtskugel
die Jahreszeit	die Wohnung	weihnachtlich	er wohnt

3 Schreibe die Wörter geordnet auf und male das stumme h gelb an.

die

4 Finde im Text die Wörter mit stummem h und male es gelb an.

Lisa und Marie fahren mit der Straßenbahn zu Oma.
Oma wohnt in der Jahnstraße. Unterwegs kaufen sie für Oma
ein Weihnachtsgeschenk. Die Mädchen bezahlen das Geschenk
mit ihrem Taschengeld. Bei Oma gibt es leckeren Kuchen mit Sahne.

5 Schreibe den Text in dein Heft ab. Denke an die Abschreib-Tipps.

Der Text der Sprachbuchseite 26 kann gemeinsam gelesen werden, dabei sollten Fragen zum Textverständnis geklärt werden. Im Anschluss an die Arbeit im Arbeitsheft kann ergänzend Aufgabe 3 der Sprachbuchseite bearbeitet werden, zuvor kurze Wiederholung des Begriffs *Wortfamilie*.

Hier üben wir

1 Lies den Text. Finde zu jedem Satz das passende Bild.
Schreibe die Nummer zu dem Bild.

Der letzte Schultag

① Jedes Jahr vor den Weihnachtsferien treffen sich die Kinder in der Aula.
  Sie singen gemeinsam Weihnachtslieder.

② Simon aus der 3b erzählt die Weihnachtsgeschichte.

③ Danach gibt es ein gemeinsames Frühstück im Klassenzimmer.

④ Mario hat selbstgebackene Kekse mitgebracht. Sie **schmecken** sehr lecker.

2 Welche Nomen sind hier verzaubert? Schreibe sie mit ihrem Artikel auf.

- ● W◆✿hn✿chtsgeschichte
- ● K◆rz◆
- ● ✿hr
- ● K✿nd◆r
- ● K◆ks◆
- ● W◆✿hn✿chtsf◆✿✿r
- ● Kl✿ss◆nz✿mm◆r

a = ✿	
e = ◆	
i = ✿	
o = ✛	
u = ✪	

die

3 Was gehört zusammen? Verbinde.

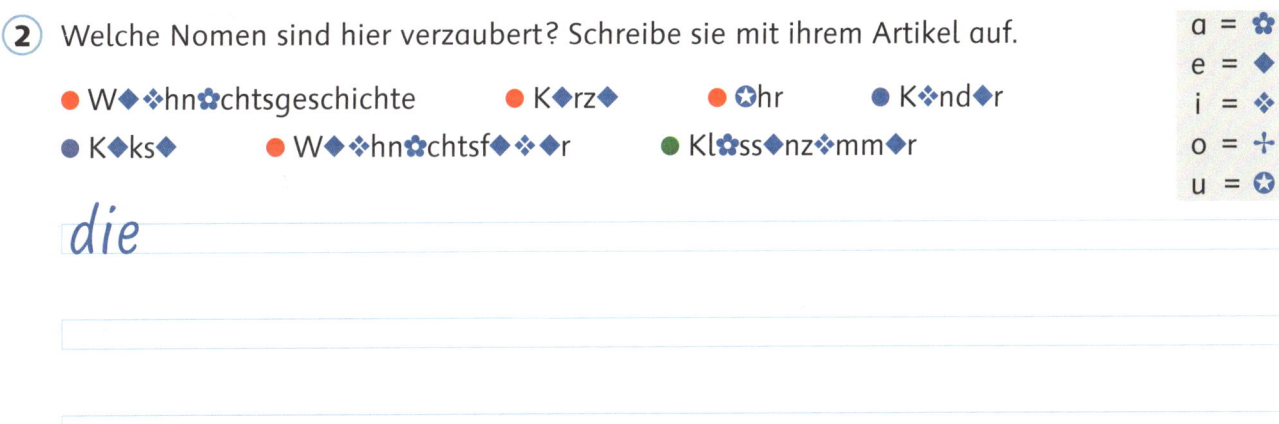

sitzen	spielen	singen	wünschen	essen

du sitzt	er singt	sie sitzen	du spielst	du isst	er wünscht	ich esse

L Finde 5 Weihnachtswörter und schreibe sie auf.

Der Übungstext der Sprachbuchseite 29
muss vorher inhaltlich erarbeitet sein.

27

Das bin ich

Fragebogen für Jungen			Klasse 3 a: 11 Jungen	
	ja	vielleicht	nein	
Lädst du Mädchen zu deinem Kindergeburtstag ein?	3	2	6	

Fragebogen für Mädchen			Klasse 3 a: 13 Mädchen	
	ja	vielleicht	nein	
Lädst du Jungen zu deinem Kindergeburtstag ein?	4	2	7	

1 Beantworte die Fragen.

Wie viele Jungen laden Mädchen zum Geburtstag ein?

_____ Jungen laden Mädchen ein.

Wie viele Mädchen laden Jungen zum Geburtstag ein?

_____ Mädchen laden Jungen ein.

Wie viele Jungen laden keine Mädchen zum Geburtstag ein?

_____ Jungen laden keine Mädchen ein.

Wie viele Mädchen laden keine Jungen zum Geburtstag ein?

_____ Mädchen laden keine Jungen ein.

2 Wie viele Kinder laden vielleicht Mädchen und Jungen ein? Schreibe einen Satz.

_____

_____

Die Fragebogen zuvor mit allen Kindern gemeinsam besprechen und ggf. darüber diskutieren.

Briefe

1 Lies den Brief von Rosi.

> Lieber Großpapa,
> ich hasse meine neue Schule. Sie ist so groß und fremd,
> und ich kenne niemanden. Frau West, die Lehrerin,
> ist in Ordnung, aber sie setzte mich neben einen JUNGEN,
> der Roland Roberts heißt! Er soll sich um mich kümmern!
> Roland Roberts sagte: „Mädchen sind doof."
> Mädchen sind nicht doof und er soll sich nicht um mich
> kümmern! Ich hasse Roland Roberts! …

Martina Selway

> Ich kann Rosi verstehen.
> Ich wäre auch wütend.

> Rosi kennt Roland doch gar nicht.
> Vielleicht ist er doch ganz nett.

> Vielleicht hat Roland
> Angst, dass die anderen
> Jungen ihn auslachen,
> wenn er mit Rosi spielt.

2 Was würdest du Rosi antworten?
Schreibe ihr einen Brief.
Denke daran: Das gehört in einen Brief:
Datum, Anrede, Gruß.

Datum

Kriterien eines Briefes besprechen und die Texte zuvor mit allen Kindern
gemeinsam lesen und ggf. darüber diskutieren.

Pronomen

1 Setze die passenden Pronomen ein.

er   sie   es   wir   sie (alle)   sie

Tim ist mein Freund.

Er ___ ist mein Freund.

Maria kann gut rechnen.

___ kann gut rechnen.

Tim und Maria spielen gerne Tischtennis.

___ spielen gerne Tischtennis.

Tim und ich mögen Hunde.

___ mögen Hunde.

Das Kind hilft mir immer in Deutsch.

___ hilft mir immer in Deutsch.

Meine Lehrerin findet das gut.

___ findet das gut.

2 Unterstreiche in jedem Satz den Namen.

<u>Mario</u> ist klein, aber stark.

In seiner Freizeit schwimmt Mario im Verein.

Mario ist ein sehr guter Schüler.

In unserer Klasse macht Mario

meistens den Tafeldienst.

3 Schreibe den Text ab. Ersetze den Namen durch das passende Pronomen.

Mario

4 Beschreibe einen Freund oder eine Freundin.
Verwende auch manchmal das Pronomen er oder sie dabei.

Die Einführung von *Pronomen* als Ersatz für *Nomen*
mit allen Kindern gemeinsam vorschalten.

Wortstamm und Endung

1 Unterstreiche in allen Wörtern den Wortstamm **spiel** blau.

- Spielenachmittag
- Würfelspiel
- Spielesammlung
  spielen
- Spielkiste
- Brettspiel
  gespielt
- Spielzimmer
- Spielerverpackung
- Memoryspiel
- Laufspiel
- Lieblingsspiel
- Fußballspiel
- Spielidee
- Fangspiel
  vorspielen

2 Schreibe die Verben auf. Finde die richtige Endung und übermale sie gelb.

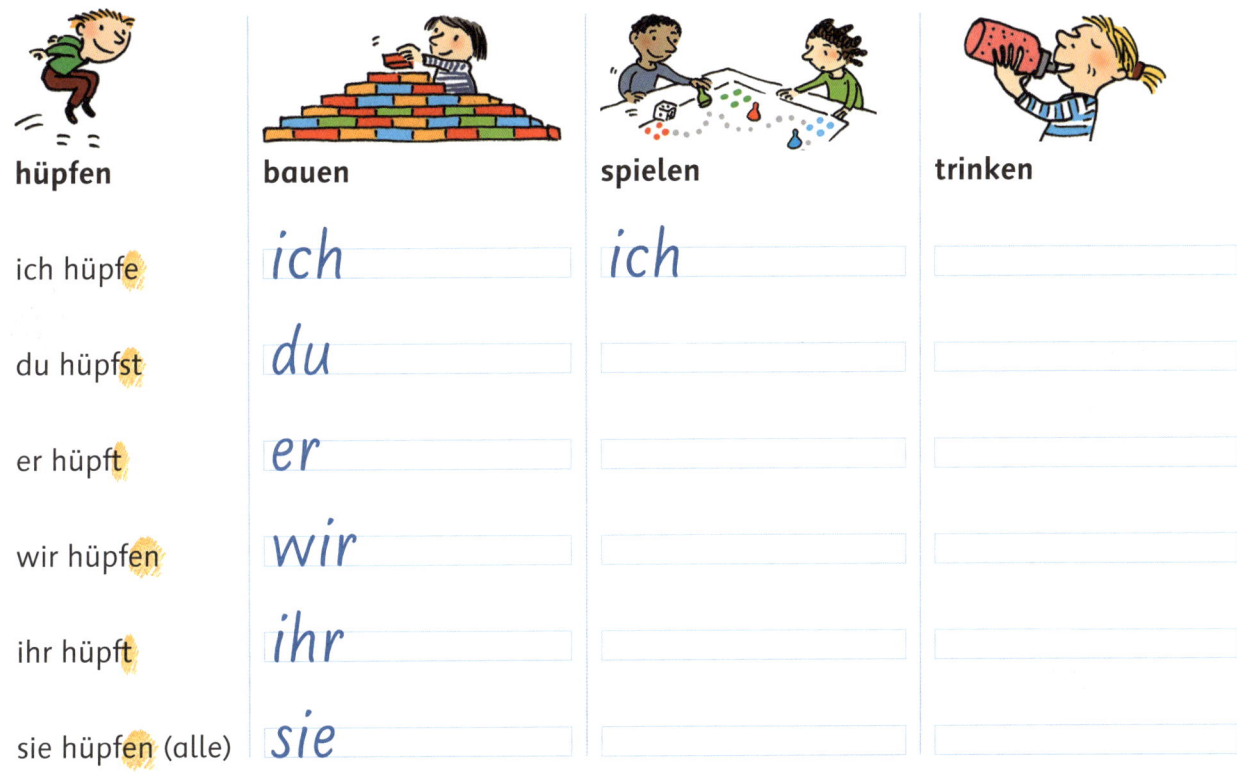

hüpfen	bauen	spielen	trinken
ich hüpfe	ich	ich	
du hüpfst	du		
er hüpft	er		
wir hüpfen	wir		
ihr hüpft	ihr		
sie hüpfen (alle)	sie		

3 Finde die richtige Endung.

Ich hüpf e mit dem Springseil.

Lara trink _____ gerne kalte Apfelschorle.

Oma und Opa geh _____ am Abend immer spazieren.

Wir bau _____ tolle Sachen aus Bausteinen.

Leo spiel _____ mit Autos.

Mit allen Kindern gemeinsam *Wortstamm* und *Endung* wiederholen.
Aufgabe 2 der Sprachbuchseite 31 könnte ggf. gemeinsam bearbeitet werden,
anschließend selbstständige Bearbeitung der Arbeitsheftseite.

31

Viele Mitlaute nebeneinander

1 Male die Mitlaute am Wortanfang an.

● Pflaster　● Schlauch　● Schnecke　springen　streicheln

● Pflanze　● Schwimmbad　sprechen　streiten　schmelzen

A B C D E F G H I J K L M N O P Q R S T U V W X Y Z

2 Schreibe die Wörter auf. Schreibe bei Nomen den Artikel dazu.

das

3 Schreibe die zusammengesetzten Nomen auf.
Denke daran: Nomen schreibt man groß.
Male alle Mitlaute am Wortanfang an.

streichen　● Holz　= *das Streichholz*

schwimmen　● Becken　=

springen　● Brunnen　=

● Schnecke (+n)　● Haus　=

● Schlauch　● Boot　=

Wiederholung des Begriffs *Mitlaute*. Mitlauthäufung thematisieren und verdeutlichen.
Wiederholung *zusammengesetzte Nomen* (auf Fugenlaute achten und erklären).

Hier üben wir

1 Lies den Text. Finde zu jedem Satz das passende Bild.
Schreibe die Nummer zu dem Bild.

Meine Freundin
① Meine Freundin heißt Anna. Sie hat
   ein fröhliches Gesicht und braune Haare.
② Wenn ich sie besuche, spielen oder basteln wir.
   Anna hat einen großen Schrank mit vielen tollen Spielsachen.
③ Manchmal haben wir auch Streit.
④ Aber danach vertragen wir uns wieder.

2 Was gehört zusammen?
Verbinde die Grundform der Verben mit der Personalform.

heißen   basteln   sprechen   spielen   besuchen

sie bastelt   sie spielt   sie heißt   sie besucht   sie spricht

3 Setze die Adjektive ein. Denke daran: Du musst das Adjektiv verändern.

Das Gesicht ist fröhlich. – Das *fröhliche* Gesicht gehört Anna.

Annas Haare sind braun. – Die _____ Haare sind lang.

Der Schrank ist groß. – Der _____ Schrank ist offen.

Die Spielsachen sind toll. – Die _____ Spielsachen liegen im Zimmer.

L Wovon träumst du? Schreibe in dein Lerntagebuch.

Der Übungstext der Sprachbuchseite 33 muss vorher inhaltlich erarbeitet sein,
ggf. vor Bearbeitung der Arbeitsheftseite kurze Wiederholung *Adjektive* und *Verben*
(Grundform und Personalform).

Freizeit

1 Lies, was die Kinder sagen. Verbinde die Sprechblase mit dem richtigen Bild.

Lilli

> Mama musste samstags arbeiten. Ich war mit Karim in der Bücherei.

Simon

> Am Samstag war ich mit Mama einkaufen. Ich habe richtig coole Schuhe bekommen.

Marie

> Ich war bei meinem Vater. Wir haben Spaghetti gekocht.

Felix

> Meine Eltern wollten ausschlafen. Deshalb konnte ich morgens am Computer spielen.

2 Male ein Bild von deinem Wochenende. Schreibe Sätze dazu.

Sich über eigene Freizeitaktivitäten austauschen, Text dazu schreiben

Informationen für Sachtexte

1 Schreibe in die blauen Felder im Bild die Zahl des passenden Textabschnitts.

① Auf dem **Bildschirm** kannst du Texte lesen oder Bilder anschauen oder Programme finden.

② Im **Adressfeld** steht die **Internetadresse** der Suchmaschine oder der Internetseite. Die Suchmaschine ist eine Internetseite, mit der man andere Seiten finden kann.

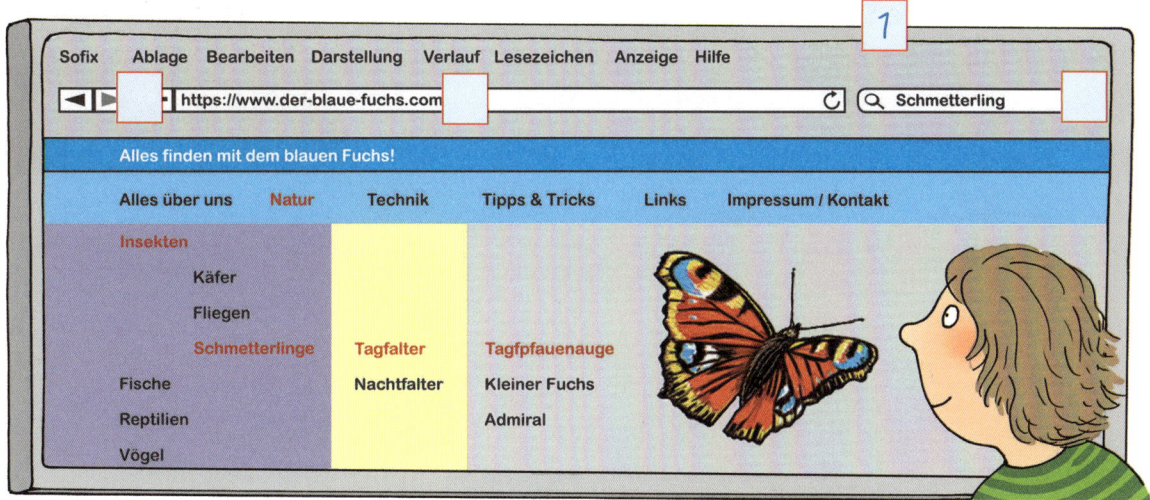

③ In das **Eingabefeld** schreibst du das Suchwort. Danach musst du auf „Suchen" klicken.

④ Ein **Link** ist die Verbindung zu anderen Internetseiten, auf denen du Informationen zu deinem Suchwort finden kannst.

2 Es gibt verschiedene Möglichkeiten, Informationen zu sammeln. Lies die Texte. Verbinde sie mit dem passenden Bild.

Mia und Tim wollen herausfinden, welche Dinosaurier es gab. Sie finden viele Bücher zum Thema. Sie leihen die Bücher aus, die sie gut lesen können.

Beim Einkaufen hat Martin eine Zeitschrift über Katzen gefunden. Er fragt seine Mutter, ob er sie kaufen darf.

Herr Rose hat viele Kaninchen. Leo möchte von ihm wissen, was die Kaninchen fressen und wie man sie pflegen muss.

Satzglieder kennen lernen

1 Lies die Sätze.

Ich arbeite.

Ich arbeite gerne.

Ich arbeite gerne am Computer.

2 Lasse die Sätze wachsen.
Überlege, wie du die Satzglieder anordnen möchtest.
Probiere es aus und schreibe auf, was dir am besten gefällt.
Denke daran: Am Satzanfang schreibt man groß.

ich   einkaufen   mit meiner Mutter   fahre

finde   eine Tierzeitschrift   ich   im Regal

3 Schreibe mindestens einen Satz mit diesen Satzgliedern.
Es gibt verschiedene Möglichkeiten.
Denke daran: Am Satzanfang schreibt man groß.

lese   einen Text   über Katzen   in der Zeitschrift   ich

Die Merksätze im gelben Kasten müssen vorher mit allen Kindern gemeinsam besprochen und erklärt werden.

Satzglieder

1 Lisa hat einen Satz aufgeschrieben und zerschnitten.
Vertausche die Satzglieder und schreibe alle Sätze auf.

am Sonntag   spielt   Anna   mit Till

| Am | | | |

2 Was wird aus dem Satz, wenn du das Verb nach vorne stellst?

3 Stelle diesen Satz dreimal um.
Eine Umstellung soll eine Frage sein.
Schreibe die Sätze auf.

um 18 Uhr   geht   Till   nach Hause

Das Umstellen von Satzgliedern muss im Vorfeld thematisiert und geübt werden
(besonders auf Fragesätze).

37

Wörter mit doppeltem Mitlaut

1 Was gehört zusammen?
Verbinde.

● Zim   tref   ● Kel   kom   wol   ● Mut   in

ler   len   men   ter   mer   nen   fen

2 Schreibe die Wörter auf. Male die doppelten Mitlaute an.
Zeichne die Silbenbögen.

das Zimmer,

3 Verbinde die Grundformen mit den richtigen Personalformen.
Schreibe die Wörter auf. Male die doppelten Mitlaute an.

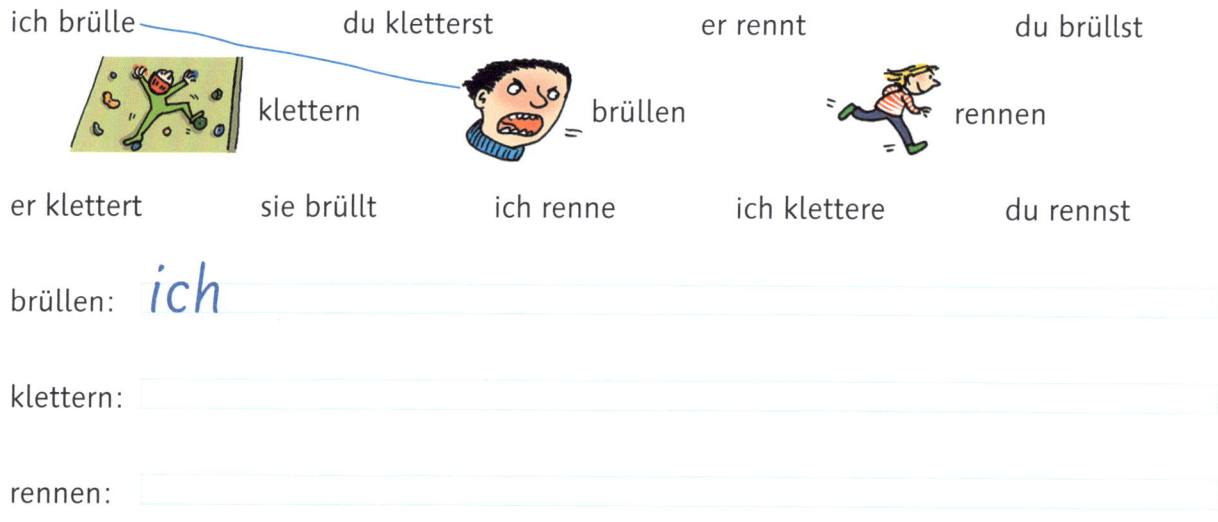

ich brülle   du kletterst   er rennt   du brüllst

klettern   brüllen   rennen

er klettert   sie brüllt   ich renne   ich klettere   du rennst

brüllen: *ich*

klettern:

rennen:

4 Setze die Wörter in der richtigen Personalform in den Text ein.

klettern   schwimmen   rennen

Maria und Tom _____ aufgeregt ins Schwimmbad.

Maria _____ durch das Schwimmbecken.

Tom _____ lieber an der Kletterwand.

Eine Wiederholung zum Thema *doppelte Mitlaute*
mit allen Kindern gemeinsam vorschalten.

Hier üben wir

1 Lies die Textabschnitte. Verbinde sie mit den passenden Bildern.

Heute Nachmittag wollen Luisa,
Dara und Tom mit der Mutter in
den Kletterpark fahren.

„Hoffentlich bleibt das Wetter schön",
denkt Luisa.

Sie hatte sich den Kletterausflug zum
Geburtstag gewünscht. Aber an diesem
Tag war der Himmel grau und der
Regen prasselte an das Fenster.

Doch heute scheint die Sonne. Dara und
Tom stürmen in Luisas Zimmer. „Können
wir gleich losfahren?", ruft Tom.

2 Finde im Text alle Wörter mit doppelten Mitlauten.
Male die doppelten Mitlaute an und schreibe die Wörter hier auf.

Nachmittag,

3 Welche Wörter sind verwandt? Übermale sie in der gleichen Farbe.

| das Rennrad | wegrennen | das Wettrennen |

die Nummer   nummerieren   die Hausnummer

treffen   der Treffpunkt   das Klassentreffen

L Stelle diesen Satz dreimal um. Eine Umstellung soll eine Frage sein.
Schreibe die Sätze auf.

heute Nachmittag   fährt   Luisa   in den Kletterpark

Der Übungstext der Sprachbuchseite 39
muss vorher inhaltlich erarbeitet sein.

Tieren auf der Spur

1 Die Kinder halten eine Präsentation über Schmetterlinge.
Sie zeigen Bilder und erzählen dazu.
Schreibe die passenden Wörter an das Bild.

- Schmetterling
- Futterpflanze
- Raupe
- Flügel

2 Schreibe auf, welche Bilder die Kinder zeigen.
Verwende die Wörter von Aufgabe 1.

 der Schmetterling    die Raupe    die Futterpflanze    der Flügel

die Präsentation:	**etwas präsentieren:**	**der Ausschnitt:**
der Vortrag	einen Vortrag halten, etwas vorstellen	nur ein Teil von etwas, nicht das Ganze

Die Sprachbuchseite 40 mit allen Kindern gemeinsam bearbeiten, im Arbeitsheft findet hauptsächlich Wortschatzarbeit statt, um den Textinhalt der Seite 40 vorzubereiten.

Informationen sammeln

1 Ordne die Sätze den Bildern zu.

	Aus den Eiern schlüpfen Raupen.
1	Jede Schmetterlingsart hat ihre eigene Futterpflanze.
	Auf den Blättern der Futterpflanze legen die Schmetterlinge ihre Eier ab.
	Die Raupen verpuppen sich.
	Aus den Puppen schlüpfen die fertigen Schmetterlinge.
	Die Raupen ernähren sich von den Blättern.

2 Schreibe die Sätze in der richtigen Reihenfolge auf.

Jede

● die Futterpflanze   ● die Raupe   ● die Puppe   ○ die Eier

Den Text der Sprachbuchseite 41 mit allen Kindern gemeinsam lesen und besprechen.
Informationsentnahme aus Texten anbahnen, farbige Markierungen im Arbeitsheft als Hilfe.

41

Vergleichsstufen

klein   kleiner   am kleinsten

1 Setze die Adjektive in die Sätze ein.

Das Tagpfauenauge ist *klein* .

Der Kleine Fuchs ist _____ .

Der Bläuling ist _____ .

2 Vergleiche die Tiere. Welches ist am größten?
Schreibe mit dem Adjektiv groß Sätze wie in Aufgabe 1.

● der Elefant   ● die Kuh   ● die Giraffe

groß

größer

am größten

_____

_____

_____

3 Arbeite, wie in Aufgabe 1 und 2 geübt. Vergleiche mit dem Adjektiv hoch .
Schreibe die Sätze in dein Heft.

● der Turm   ● der Baum   ● das Haus

hoch

höher

am höchsten

Die Aufgabe 1 der Sprachbuchseite 42 mit allen Kindern gemeinsam erarbeiten,
um Funktion und Bildung von Vergleichsstufen zu verstehen.
Eventuell vorab eigene Beispiele im Klassenraum suchen und verbalisieren.

Verlängern: 1. und 2. Vergleichsstufe

1 Verbinde bei diesen Adjektiven die Grundstufe
mit der 1. Vergleichsstufe.

alt	länger	billig	durstiger
lang	bunter	oft	klüger
stark	älter	durstig	öfter
bunt	wilder	fleißig	billiger
wild	stärker	klug	fleißiger

2 Setze die fehlenden Buchstaben ein.

län **g** er   lan **g**   am län   sten

le   erer   le   er   am le   ersten

stär   er   star   am stär   sten

3 Suche dir mindestens drei Beispiele aus und bilde damit Sätze.

Der Regenwurm ist lang. Die Schlange ...

Die Aufgabe 1 der Sprachbuchseite 43 mit allen Kindern gemeinsam erarbeiten.
Mit dem vorgegebenen Wortmaterial der Aufgabe 2 eigene Sätze nach gleichem
Satzmuster bilden.

Wörter mit ng und nk

1 Lies die Tierbeschreibung. Löse das Rätsel.
Zeichne das Tier und schreibe seinen Namen dazu.

Das Tier ist an seinen dunkelroten Flügeln

mit schwarzen Punkten gut zu erkennen.

Es ist sehr nützlich, denn es verschlingt

große Mengen Blattläuse.

Einige seiner Verwandten stinken sehr.

2 Unterstreiche im Tierrätsel die 5 Wörter mit ng und nk und schreibe sie auf.

ng: [   ] [   ]

nk: [   ] [   ] [   ]

3 Schreibe die Lösungswörter in die Kästchen.
Übermale die Buchstaben ng und nk im Rätselkasten gelb.

● ANFANG   STINKEN   ● SCHRANK   TRINKEN   ● FINGER   ● KLINGEL

Unangenehm riecht riechen nennt man	S	T	I	N	K	E	N
Wenn man Durst hat, muss man							
Eine Hand hat fünf							
Meine Kleidung lege ich in den							
Das Gegenteil von Ende ist							
Jedes Fahrrad braucht eine							

4 Schreibe das Adjektiv vor das Nomen.

Der Vogelpapa ist flink.   *der flinke Vogelpapa*

Das Nest ist eng.   [   ]

Der Wurm ist lang.   [   ]

Die Vögel sind jung.   [   ]

Ein Tierrätsel lösen, Wörter mit ng und nk üben,
Adjektive mit nk und ng flektieren.

Hier üben wir

1 Lies den Text. Finde zu jedem Satz das passende Bild.
Schreibe die Nummer zu dem Bild.

Auf der Wiese

① Der Grasfrosch hat eine lange Zunge. Damit fängt er Fliegen.

② Herr Meier erklärt: „Auf einer Wiese wachsen Blumen und Gräser.
Dort leben auch viele kleine Tiere."

③ Schmetterlinge legen ihre Eier auf Futterpflanzen.
Die Raupen fressen die Blätter und verpuppen sich.

④ Aus den Puppen schlüpfen neue Schmetterlinge.

2 Ordne die Wörter aus dem Wörterkasten nach Nomen und Verben.
Schreibe bei den Nomen ihren Artikel dazu.

Wiese	schlüpfen	Blüten	Pflanzen
sich verpuppen	fischen	Schmetterling	fressen
wachsen	Blätter	fangen	Gräser

Nomen

die

Verben

[L] Was hast du über Schmetterlinge gelernt?

Der Übungstext der Sprachbuchseite 45
muss vorher inhaltlich erarbeitet sein.

45

Frühlingsduft

1 Lies die Bauernregeln. Wähle eine aus und male ein Bild dazu.

Hasen, die springen,
Lerchen, die singen,
werden sicher den Frühling bringen.

Im Märzen kalt und Sonnenschein,
wird's eine gute Ernte sein.

der Regenbogen ● der Regenschirm ● die Ernte ● der Hase

das Schneeglöckchen ○ die Krokusse ● die Osterglocke ● die Lerche

Das Bild vor Bearbeitung der Arbeitsheftseite
mit allen Kindern gemeinsam besprechen.

Steckbriefe

1 Trage die unterstrichenen Stichworte in den Steckbrief ein.

Regenwürmer gibt es <u>fast überall auf der Welt.</u>
Sie leben in der Erde und kommen nur nachts und an Regentagen heraus.
Regenwürmer werden <u>bis zu 30 cm lang</u> und haben eine <u>rotbraune Farbe.</u>
Sie ernähren sich von <u>Laub.</u>
Regenwürmer sind sehr nützliche Tiere. Sie graben sich durch <u>die feste Erde und lockern sie auf.</u>

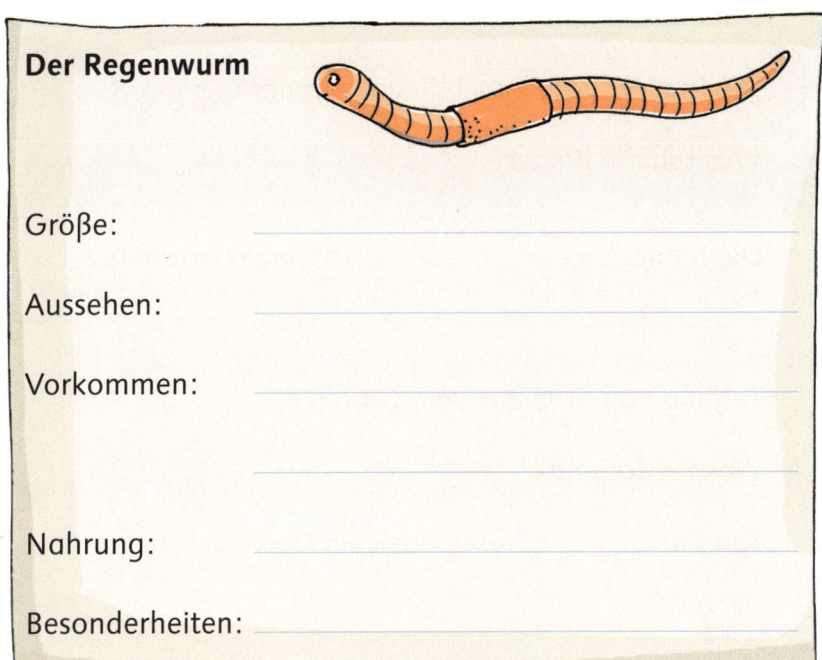

Der Regenwurm

Größe: ....

Aussehen: ....

Vorkommen: ....

Nahrung: ....

Besonderheiten: ....

2 Unterstreiche die wichtigen Stichworte und trage sie in den Steckbrief ein.

Marienkäfer sind kleine rote Käfer mit schwarzen Punkten.
Der Siebenpunkt-Marienkäfer lebt auf der ganzen Welt und kommt in Deutschland sehr häufig vor.
Er ist 1–15 mm groß. Er ernährt sich von Blattläusen.
Viele Menschen nennen die Marienkäfer auch „Glückskäfer".

Der Siebenpunkt-Marienkäfer

Größe: ....

Aussehen: ....

Vorkommen: ....

Nahrung: ....

Besonderheiten: ....

Bedeutung und Anwendung von Steckbriefen im Vorfeld besprechen und erklären.

47

Prädikat

1 Die Frage Was tut …? hilft dir,
das Prädikat in einem Satz zu finden.
Finde das Prädikat im Satz. Unterstreiche es rot.

Die Kinder suchen nach Regenwürmern.

Was tun die Kinder?

Die Kinder _____ nach Regenwürmern.

Tatjana holt Erde aus dem Garten.

Was tut Tatjana?

Tatjana _____ Erde aus dem Garten.

Die Regenwürmer graben sich durch die Erde.

Was tun die Regenwürmer?

Die Regenwürmer _____ sich durch
die Erde.

Die Regenwürmer lockern die Erde auf.

Was tun die Regenwürmer?

Die Regenwürmer _____ die Erde _____.

Die Amseln fressen die Regenwürmer.

Was tun die Amseln?

Die Amseln _____ die Regenwürmer.

Wiederholung *Satzglieder*, Bedeutung von *Prädikat*
anhand der Fragestellung mit allen Kindern gemeinsam einführen.

Subjekt und Prädikat

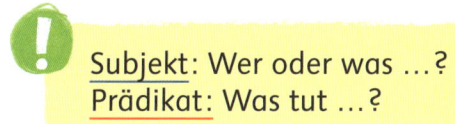

1 Die Frage Wer oder was …? hilft dir,
das Subjekt in einem Satz zu finden.
Finde das Subjekt im Satz. Unterstreiche es blau.

Till und Tatjana entdecken einen Marienkäfer.

Wer oder was entdeckt einen Marienkäfer?

_____ entdecken

einen Marienkäfer.

Die Kinder zählen die Punkte auf seinem Rücken.

Wer oder was zählt die Punkte auf seinem Rücken?

_____ zählen die

Punkte auf seinem Rücken.

Der Marienkäfer hat sieben Punkte.

Wer oder was hat hat sieben Punkte?

_____ hat sieben Punkte.

Langsam krabbelt der Marienkäfer über das Blatt.

Wer oder was krabbelt langsam über das Blatt?

_____ krabbelt langsam über das Blatt.

Plötzlich fliegt der Käfer davon.

Wer oder was fliegt plötzlich davon?

_____ fliegt plötzlich davon.

2 Finde in jedem Satz aus Aufgabe 1 das Prädikat.
Unterstreiche es rot.

3 Schreibe die Sätze in dein Heft.
Unterstreiche Subjekt und Prädikat mit der richtigen Farbe.

Wiederholung *Satzglieder*, Bedeutung von *Subjekt* und *Prädikat*
anhand von der Fragestellung mit allen Kindern gemeinsam besprechen.

49

Ableiten: Wörter mit ä und äu ⚡

1 Finde zu jedem Wort mit ä und äu das passende Wort mit a und au.

o die Zäune   *der Zaun*

o die Mäntel

o die Blätter

o die Schränke

o die Sträucher

o die Bäume

o die Räder

o die Gräser

o die Mäuse

o die Äpfel

2 Schreibe die Sätze mit der passenden Personalform.

tragen   stolpern   fallen   schlafen   laufen

Die Katze *schläft* zufrieden unter dem Apfelbaum.

Plötzlich _____ ein Apfel genau auf Lissys Kopf.

Lissy erschrickt, springt auf und _____ über den Rasen.

In diesem Moment _____ Papa den Kuchen in den Garten.

Er _____ über Lissy und lässt den Kuchen fallen.

Wiederholung von ä/äu und den verwandten Wörtern mit a/au.

Hier üben wir

1 Lies den Text. Finde zu jedem Satz das passende Bild.
Schreibe die Nummern zu dem Bild.

1 Toni und ihre Mutter kaufen beim
Gärtner Blumen und Sträucher.

2 Nun trägt Toni den Sack mit Erde
auf den Balkon. Frodo läuft ihr
vor die Füße.

3 Tonis Mutter gefällt das gar nicht.
Sie stoppt Frodo.

4 Doch zu spät. Schon reißt der Sack.
Die Erde fällt auf den Balkon.

2 Schreibe den Text in dein Heft ab.

3 Unterstreiche im Text oben das Subjekt blau, das Prädikat rot.

4 Verbinde jedes Wort mit seiner passenden Ableitung.

Gärten   Sträucher   trägt   läuft   gefällt

Strauch   laufen   Garten   gefallen   tragen

L Schreibe auf: Was hast du über den Regenwurm gelernt?
Warum ist der Regenwurm ein nützliches Tier?

Der Übungstext der Sprachbuchseite 51 muss vorher inhaltlich erarbeitet sein.

Bühne frei!

1 Verbinde den Text mit dem passenden Bild.

Marionettentheater

Es wird mit Licht und Schatten gespielt. Ein Sprecher erzählt die Geschichte.

Kamishibai

Auf einer Bühne spielen Schauspieler eine Geschichte.

Schattentheater

Es ist ein Papiertheater. Ein Sprecher erzählt eine Geschichte zu Bildern.

Theater

Die Puppen hängen an Fäden. Den Puppenspieler sieht man nicht.

 ● Theater  ● Kamishibai  ● Marionettentheater  ● Schattentheater

Die verschiedenen Theaterformen müssen zuvor im Unterricht gemeinsam besprochen werden.

Sockenpuppen herstellen

1 Verbinde die Bilder mit den passenden Sätzen.

Schneide ein Stück Pappe aus.

Klebe Haare aus Wolle und Augen aus Filz an deine Sockenpuppe.

Lege alles bereit, was du brauchst.

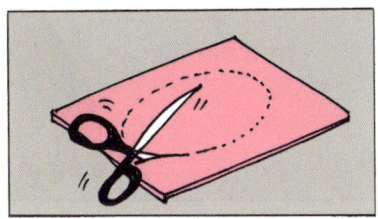

Falte die Pappe in der Mitte.
Klebe sie in den Fuß der Socke.

2 Schreibe die Anleitung richtig geordnet auf.

1.

Den entsprechenden Bildern der Bastelanleitung zuordnen,
Bild zu einer Lieblingsgeschichte malen

Sprechübungen

1 Lass deine Sockenpuppe sprechen.
Welche Sätze kannst du so sprechen?
Probiere es aus: fröhlich, traurig, wütend, laut, leise.

2 Wie würdest du diese Sätze sprechen?
Male die Gesichter fertig aus.

fröhlich   traurig   unzufrieden

Es gibt heute Spinat zum Mittagessen, den mag ich nicht.

Heute Abend kommt meine Lieblingsserie im Fernsehen.

Ich habe meine Tasche im Bus vergessen.

Gestern habe ich mich mit meiner besten Freundin gestritten.

3 Suche dir einen Partner.
Sprich mit ihm die Sätze in verschiedenen Stimmungen.

Sich in eine Figur hineinversetzen,
verschiedene Ausdrucksmöglichkeiten erproben

Ein Thema wählen

1 Suche dir einen Partner und spielt die Geschichte.
Versuche so zu sprechen, wie die Puppen sich fühlen.
Schreibe auf, wie es weitergehen könnte.

Sich in eine Figur hineinversetzen und
eine Szene sinngestaltend vortragen

Medien

1 Lies die Sätze und verbinde mit dem passenden Bild.

Tim telefoniert am Handy

mit seinem Freund.

Julia schreibt aus dem Urlaub eine

Postkarte an ihre Tante.

Mama schreibt am Computer

eine E-Mail an Frau Berger.

Lisa und Mama skypen

am Laptop mit Orna in Amerika.

2 Welche Medien benutzen die Kinder? Schreibe die blauen Wörter ab.

Bilder besprechen, unterschiedliche Medien benennen

Geschichtenaufbau

Einleitung: Wer? Wann? Wo?
Hauptteil: Was ist passiert?
Schluss: Wie endet die Geschichte?

1 Lies die Geschichte. Ordne die Stichworte
dem richtigen Geschichtenteil zu.
Die Farben helfen dir.

Lukas und Moritz treffen sich an einem sonnigen Samstag am See.
Sie wollen das neue Gummiboot ausprobieren.
Gemeinsam paddeln sie los.
Plötzlich schwirrt eine Wespe vor Moritz Nase.
Vor Schreck lässt er das Paddel ins Wasser fallen.
Wie sollen sie ohne Paddel zurück ans Ufer kommen?
Die Jungen haben Angst. Da ruft Moritz: „Zum Glück
habe ich mein Handy dabei! Wir rufen Papa an."
Moritz telefoniert mit Papa: „Hilfe Papa, wir haben unser
Paddel verloren. Bitte komm schnell!" Papa schwimmt zu
den Kindern im Gummiboot und bringt sie wieder ans Ufer.
Lukas und Moritz sind froh, dass sie so schnell gerettet wurden.

Einleitung: Wer? Wann? Wo?

Hauptteil: Was ist passiert?

Schluss: Wie endet die Geschichte?

● das Gummiboot   ● das Ufer   ● das Paddel   paddeln

Lukas und Moritz paddeln los.

Die Einführung des Geschichtenaufbaus ausführlich mit allen Kindern gemeinsam
erarbeiten. Die Arbeitsheftseite 57 ist eine Alternative zu Sprachbuchaufgabe 3.

57

Zusammengesetzte Nomen

1 Lies den Text.

Leon geht in die Märchenwaldschule.
In der Computer-AG erstellen
die Schüler die Homepage der Schule.
Zuerst schreiben sie das Inhaltsverzeichnis.
Dort findet man die Telefonnummern, die Stundenpläne,
den Ferienkalender, die Schulfotos und die Schulregeln.

2 Finde die zusammengesetzten Nomen im Text.
Sieh genau hin, manchmal verändern sich die Wörter beim Zusammensetzen.

● Inhalt + ● Verzeichnis = *das Inhaltsverzeichnis*

● Telefon + ● Nummern = _____

● Stunden + ○ Pläne = _____

● Ferien + ● Kalender = _____

● Schule + ○ Fotos = _____

● Schule + ○ Regeln = _____

3 Trenne die zusammengesetzten Nomen.
In jedem zusammengesetzten Nomen versteckt sich ein Verb.

● die Lesenacht = *lesen* = *die Nacht*

● der Waldlauf = _____ = _____

● das Schwimmabzeichen = _____ = _____

● der Bastelnachmittag = _____ = _____

● der Malwettbewerb = _____ = _____

Wiederholen der zusammengesetzten Nomen mit allen Kindern gemeinsam.
Kennenlernen der Zusammensetzung Verb und Nomen.

Verben mit Wortbausteinen

1 Lies den Text. Male den Wortbaustein `ver-` gelb an.

Tina will mit ihren Eltern verreisen.
Papa verstaut die Koffer im Auto.
„Hoffentlich haben wir nichts vergessen", sagt Mama.
„Ich musste Oma versprechen, eine Karte zu schreiben", sagt Tina.
Dann geht es endlich los.
Papa ruft: „Diesmal können wir uns nicht verfahren! Auf unser neues Navi können wir uns verlassen".

2 Schreibe die Wörter aus dem Text mit dem Wortbaustein `ver-` auf.

verreisen,

_____

3 Sieh dir die Bilder an. Ordne die Sätze den Bildern zu.
Setze den richtigen Wortbaustein ein: `be` `an` `aus`

①    ②    ③

nutzen _____   *schalten* _____   *drucken* _____

☐ Max will den Computer _____ .

☐ Julian will seinen Text _____ .

☐ Lea will das Rechtschreibprogramm _____ .

4 Welches Verb passt? Verbinde.

Jonas will einen Bildschirmhintergrund

Ali möchte die Schrift

Die Kinder lesen, welche
Arbeitsgemeinschaften die Schule

| auswählen |
| verwählen |

| verkleinern |
| zerkleinen |

| anbietet |
| verbietet |

Die Veränderung der Wortbedeutung durch Vorsilben erkennen
und in Sinnzusammenhängen anwenden.

59

Merkwörter aus anderen Sprachen Ⓜ

1 Kennst du die Wörter?
Suche zu jedem Wort die passende deutsche Erklärung. Verbinde.

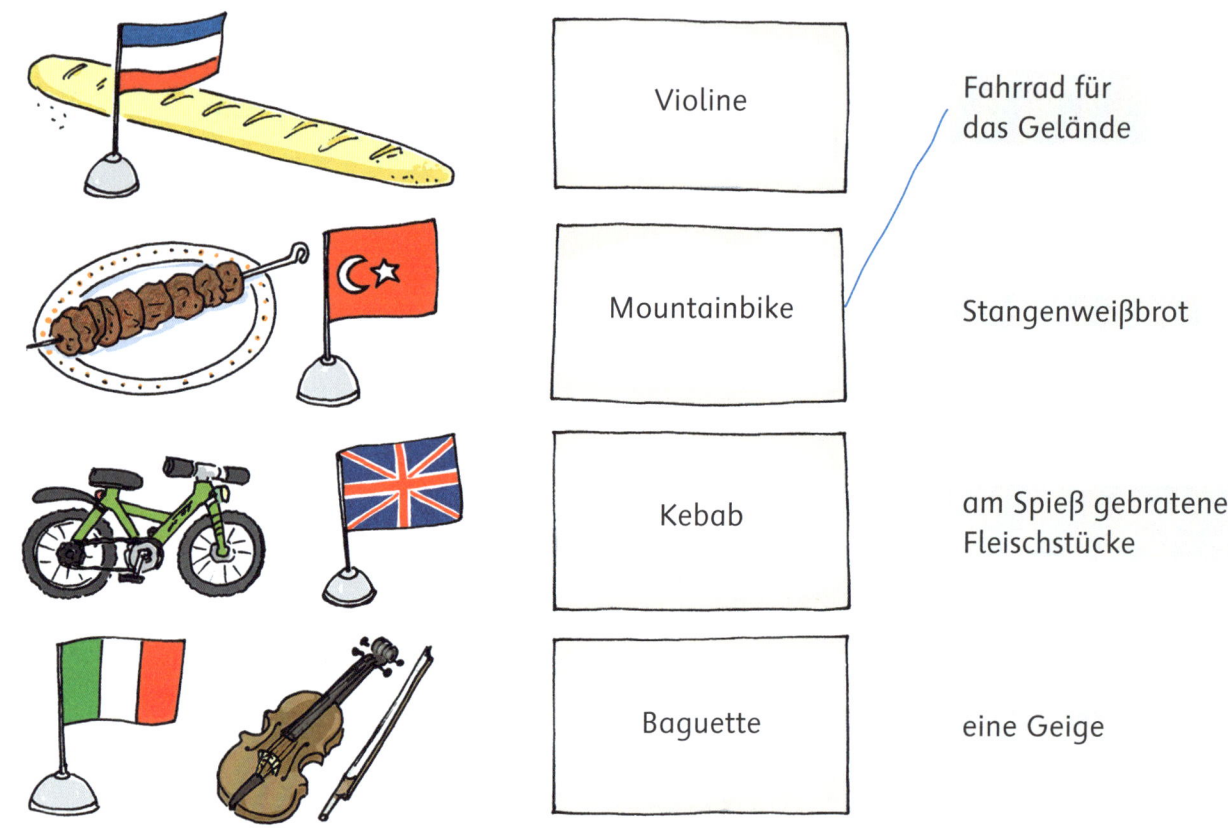

Violine	Fahrrad für das Gelände
Mountainbike	Stangenweißbrot
Kebab	am Spieß gebratene Fleischstücke
Baguette	eine Geige

2 Überlege, was das ist. Verbinde.

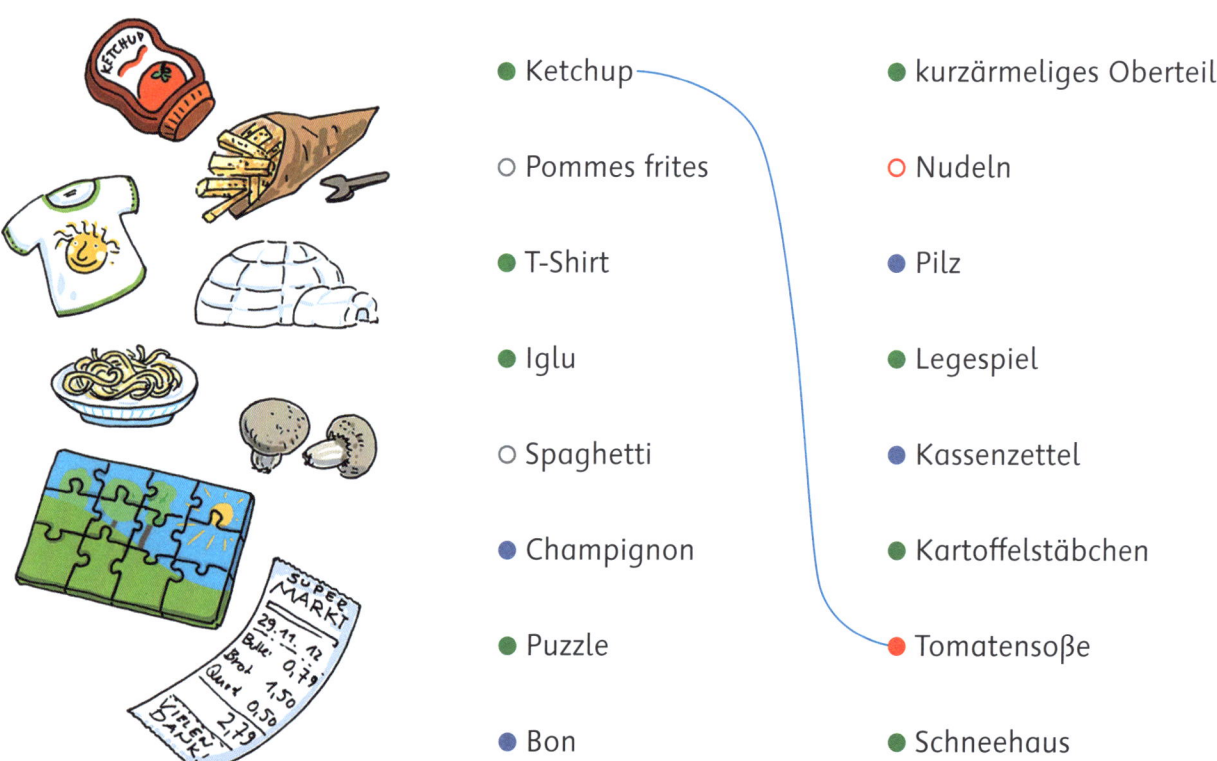

● Ketchup   ● kurzärmeliges Oberteil

○ Pommes frites   ○ Nudeln

● T-Shirt   ● Pilz

● Iglu   ● Legespiel

○ Spaghetti   ● Kassenzettel

● Champignon   ● Kartoffelstäbchen

● Puzzle   ● Tomatensoße

● Bon   ● Schneehaus

Herkunft und Bedeutung von Fremdwörtern kennen,
Hinweis: Zu Spaghetti und zu Pommes frites gibt es keinen Singular.

Hier üben wir

1 Lies die Textabschnitte. Verbinde sie mit den passenden Bildern.

> Ben hat eine Fremdwörterkartei angelegt.
> „Komm, wir machen ein Quiz", sagt Ben zu Papa.

> „Schließe die Augen und ziehe eine Karteikarte.
> Ich lese das Wort vor und du erklärst es."

> Nach dem Spiel meint Bens Vater:
> „Manche Wörter sind aber auch schwierig.
> So eine Fremdwörterkartei ist eine tolle Sache."

2 Finde 10 Übungswörter im Rätselgitter
(nur waagerecht). Male sie gelb an und schreibe sie auf.

A	K	D	I	S	P	L	A	Y	X	O	K	A	Y	N	W	T
M	S	A	G	T	F	Q	F	R	E	M	D	W	O	R	T	C
H	V	P	I	Z	Z	A	E	R	Ö	G	Q	U	I	Z	L	R
S	C	H	W	I	E	R	I	G	W	M	N	J	E	T	Z	T
Z	K	A	R	T	E	I	N	F	G	Z	I	E	H	T	N	H

Display,
okay, sagt,
Fremdwort,
Pizza, Quiz,
schwierig,
jetzt,
Kartei,
zieht

Display,

.

3 Finde den richtigen Wortbaustein. Schreibe die Wörter auf.

ver

Die Flasche muss ich gut   schließen.

be   vor

Ben will die Tür   schließen.

auf   an

Ben will das Fahrrad   schließen.

zer

L Lege wie Ben eine Kartei mit Fremdwörtern von Seite 60 an.

Der Übungstext der Sprachbuchseite 61 muss vorher inhaltlich erarbeitet sein.
Die Aufgabe 1 der Sprachbuchseite 61 kann wie dort eingeführt bearbeitet werden.

Zeit vergeht

1 Lies den Text. Finde zu jedem Satz das passende Bild.
Schreibe die Nummer zu dem Bild.

① Als ich ein Baby war, habe ich manchmal geschrien.

  Wenn ich dann im Kinderwagen lag, schlief ich schnell ein.

② Mit drei Jahren kam ich in den Kindergarten.

  Dort spielte ich gerne in der Sandkiste.

③ An meinem fünften Geburtstag bekam ich

  von Oma und Opa ein Fahrrad.

④ Als ich sechs Jahre alt war, kam ich in die Schule.

  Meine Eltern schenkten mir eine große Schultüte.

2 Woran erinnerst du dich?
Male ein Bild und schreibe auf, woran du dich
aus deiner Vergangenheit erinnerst.

3 Stelle das Bild und den Text den anderen Kindern vor.

Der Bearbeitung dieser Seite muss ein Unterrichtsgespräch mit der gesamten Klasse/
Lerngruppe vorausgehen, in dem über die eigene Vergangenheit gesprochen wird,
um so ein Bewusstsein für das Thema zu schaffen.

Texte überarbeiten

1 Lies den Text. Was fällt dir auf?

Mein erster Schultag war aufregend.

Ich bekam eine große Schultüte.

Dann gingen wir gemeinsam los.

Dann lernte ich meine Lehrerin kennen.

Dann gingen wir in unseren Klassenraum.

Dann lernte ich auch die anderen Kinder kennen.

Dann sangen alle ein Lied und dann gingen wir mit unseren Eltern nach Hause.

2 Ersetze „Dann" durch diese Satzanfänge. Schreibe sie in die Linien.
Denke an die Großschreibung am Satzanfang.

endlich   zuerst   anschließend   da   zuletzt

3 Stelle die Sätze um, die mit Ich anfangen.
Denke an die Großschreibung am Satzanfang.

Ich   kam   mit fünf Jahren   in den Schwimmverein .

Ich   machte   als Erstes   das Seepferdchen .

Ich   lernte   danach   den Startsprung .

Mit der ganzen Klasse gemeinsam die Geschichte der Sprachbuchseite 63 lesen und verschiedene Satzanfänge besprechen, anschließend im Arbeitsheft einen vorgegebenen Text mit Hilfe einer Auswahl von Satzanfängen überarbeiten.

63

Gegenwart und Vergangenheit

1 Lies die Sätze.
Unterstreiche die Verben in den Sätzen.

Früher <u>ging</u> ich in den Kindergarten.
Früher spielte ich im Sandkasten.
Früher fuhr ich mit dem Dreirad.
Früher sang Mama mir ein Lied vor.
Früher las Papa mir eine Geschichte vor.

Jetzt gehe ich in die Schule.
Jetzt spiele ich am Computer.
Jetzt fahre ich auf meinem Fahrrad.
Jetzt singe ich mit anderen Kindern.
Jetzt lese ich meine Bücher selber.

2 Ordne die unterstrichenen Verben in die Tabelle ein.

Gegenwart = jetzt	Vergangenheit = früher
ich gehe	

3 Setze ein. Schreibe den Text mit den Verben in der Vergangenheit.

macht/machte — Gestern *machte* unsere Klasse einen Ausflug in den Zoo.

sahen/sehen — Dort ____ wir viele Tiere.

gehen/gingen — Zuerst ____ wir zu den Löwen.

finden/fanden — Am lustigsten ____ wir die Affen.

toben/tobten — Sie ____ wild auf dem Klettergerüst herum.

kaufte/kaufen — Am Ende ____ Frau Kleber für alle ein großes Eis.

Silbentrennung

Am Zeilenende kannst du Wörter trennen. Dabei musst du die Silben beachten.

1 Schwinge die Wörter. Zeichne die Silbenbögen. Schreibe die Wörter mit Trennstrichen auf.

● Schule   ● Klasse   ○ Kinder   ● Daumen   schlafen   machen   stehen   raten

die Schu-le,

2 Lies den Text. Setze die fehlenden Wörter ein.
Quetsche sie nicht in das Zeilenende, sondern trenne sie.

In der Schule spielen wir manchmal *Daumen-zupfen*.

Daumenzupfen

Das geht so: Vier Kinder stehen vor der [____].

Klasse

[____]. Die anderen tun so, als würden sie [____]

schlafen

[____]. Sie legen ihre Köpfe auf die Arme und [____]

machen

[____] die Augen zu. Ein Daumen von jedem Kind

zeigt nach oben. Es ist mucksmäuschenstill.

Nun schleichen die Kinder um die schlafenden [____]

Kinder

[____]. Jeder zupft ein schlafendes Kind am [____]

Daumen

[____].

„Aufwachen", rufen die vier, wenn sie wieder vorne [____]

stehen

[____]. Die gezupften Kinder stehen auf. Jedes muss [____]

raten

[____], von wem es gezupft wurde.

Die Silbentrennung anhand der Aufgabe 1 auf der Sprachbuchseite 65 mit allen Kindern gemeinsam besprechen und erarbeiten und auf der Arbeitsheftseite 65 anwenden.

65

Merkwörter mit langem i-Laut

1 Verbinde das Wort mit der richtigen Abbildung.

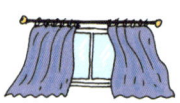   

Kaninchen   Gardine   Kino   Waschmaschine

Apfelsinen   Rosinen   Violine   Kilogramm

2 Schreibe die Wörter ab. Übermale das i gelb. Kennzeichne das lange i zusätzlich mit einem Strich.

Violine

3 Finde die Wörter in der Wörterliste. Schreibe sie mit der Seitenzahl auf.

Waschmaschine	Seite:	Kaninchen	Seite:
Apfelsinen	Seite:	Kino	Seite:
Rosinen	Seite:	Kilogramm	Seite:
Gardine	Seite:	Violine	Seite:
Medizin	Seite:	Musik	Seite:

Wörter mit langem i-Laut üben und einprägen

Hier üben wir

1 Lies den Text. Finde zu jedem Satz das passende Bild.
Schreibe die Nummer zu jedem Bild. Male das lange i gelb an.

Herr Müler erzählt von früher.

① Zu Weihnachten bekamen wir Kinder immer Apfelsinen und Pralinen.
② Meine Kusine und ich spielten auf der Violine.
③ Mein Opa besaß einen Kiosk und verkaufte leckere Sahnebonbons.
④ Meine Mutter arbeitete in einer Fabrik.
⑤ Manchmal gingen wir ins Kino.

2 Schreibe den Text in dein Heft ab.

3 Male die Verben, die zusammengehören, mit der gleichen Farbe an.

er besaß

er verkauft

wir gingen

er besitzt   wir gehen   er verkaufte

L Erinnerst du dich an deinen ersten Wackelzahn? Male ein Bild und schreibe Sätze dazu.

Der Übungstext der Sprachbuchseite 67 muss vorher inhaltlich erarbeitet werden.

67

Sommerhitze

1 Ordne die Sätze den Bildern zu.

	In der Eisdiele gibt es viele leckere Eissorten.
	Sie suchen Schutz vor dem Sommergewitter.
	Timo verbringt die Sommerferien im Zeltlager.
	Die Kinder machen mit den Eltern einen Fahrradausflug.
	Linus kann sich nicht entscheiden, welches Eis er nehmen soll.
	Er freut sich schon auf das Lagerfeuer.
1	Niko und sein kleiner Bruder Leon sind im Schwimmbad.

2 Schreibe die Sätze zu deinem Lieblingsbild in der richtigen Reihenfolge ins Heft.
Schreibe selber zwei Sätze dazu.

● die Wasserrutsche   ● das Zeltlager   ● das Lagerfeuer

○ die Schwimmflügel   ● die Eisdiele   ● das Schwimmbad

Die Bilder vor Bearbeitung der Arbeitsheftseite mit allen Kindern
gemeinsam besprechen, um den Wortschatz bereitzustellen.

Geschichten entwickeln

1 Betrachte das Bild. Lies die Wörter.

2 Lies die Geschichte vom Wasserspielplatz. Setze die passenden Wörter aus dem Bild ein. Die Farben helfen dir.

Auf dem Wasserspielplatz

Es ist ein warmer Sommertag. Die Kinder sind mit Mama auf dem

[   ]. Simon und Lisa machen eine

[   ]. Lisa ruft: „Du sollst mir nicht ins Gesicht

[   ]". Simon lacht und macht weiter. „Ich mache doch nur [   ]",

ruft er. Lena steht an der Wasserpumpe und bespritzt Jonas mit Wasser. Jonas schreit:

„Hör auf, du machst meine Sachen ganz [   ]!" Mama [   ]:

„Jonas, warum hast du deine Badehose nicht angezogen?"

3 Schreibe die Geschichte ins Heft ab. Schreibe dazu, was Jonas seiner Mama antworten könnte.

Vorlieben aufschreiben und begründen

1 Kennst du diese Sportarten? Schreibe die Namen unter das richtige Bild.

Inlinerfahren   Schwimmen   Judo   Handball

2 Schreibe die Sätze zu Ende. Die Stichwörter helfen dir.

| gern im Wasser ist   schnell rennt   gut werfen kann   gut tauchen kann |
| schnell flitzen kann   fair kämpfen möchte   geschickt fallen kann |

Tom mag Handball, weil er _____ .

Maja mag Schwimmen, weil sie _____ .

Nick mag Judo, weil er _____ .

Sophie mag Inliner fahren, weil sie _____ .

3 Kennst du noch andere Sportarten?
Was magst du daran? Was magst du nicht?
Schreibe auf und begründe.

_____

_____

_____

_____

_____

Die Aufgaben 1 und 2 der Sprachbuchseite 70 können mit der gesamten Klasse bearbeitet werden. Bei der Übung im Arbeitsheft liegt der Schwerpunkt auf dem Kennenlernen der Begründung mit *weil* und dem wiederkehrenden Satzmuster.

Wortfamilien

Jedes Wort hat einen Wortstamm, der meistens gleich bleibt. Wörter mit gleichem Wortstamm gehören zu einer Wortfamilie.

(1) Lies die Wörter.
Male den Wortstamm gelb an.

- **Wasser**hahn
- Schwimmbad
- bewässern
- Schwimmhalle
- Schwimmer
- Wasserball
- schwimmen
- Mineralwasser
- Schwimmkurs
- Trinkwasser
- Brustschwimmen
- wässrig

(2) Ordne die Wörter ihrer Wortfamilie zu. Schreibe sie in die Tabelle.

Wasser-/-wasser	Schwimm-/-schwimm
der	

(3) Setze die Wörter richtig in die Lücken ein. Du findest die Wörter in der Tabelle.

 Jonas ist ein guter *Schwimmer* .

 Im Sommer muss man den Rasen .

 Die Kinder haben viel Spaß im .

 Melissa und Nikolas spielen .

neunjährig: neun Jahre alt

jährlich: jedes Jahr

jahrelang: viele Jahre lang

Geburtsjahr: das Jahr, in dem jemand geboren wurde

Lebensjahr: ein Jahr des Lebens

Die Wortfamilie Jahr auf der Sprachbuchseite 71 wird mit der gesamten Klasse gemeinsam erarbeitet. Das Finden des Wortstamms und der Wortfamilie wird darum an anderem Wortmaterial weiter geübt und in Sinnzusammenhänge gebracht.

Wörter mit ck und tz

1 Suche die Reimpaare. Schreibe sie auf.
Male das ck gelb an.

~~backen~~   gucken   ○ Stöcke   wecken   fleckig   ● Mücke

packen   ● Brücke   spucken   ○ Röcke   erschrecken   dreckig

backen

	S	

2 Suche die Reimpaare. Schreibe sie auf. Male das tz gelb an.

● ~~Glatze~~   sitzen   ● Pfütze   kratzen   ● Spatz   petzen

setzen   ● Schatz   schmatzen   ● Tatze   spritzen   ● Mütze

Glatze

3 Lies den Text und male tz und ck in den Wörtern gelb an.

Draußen herrscht große Hitze. Die Kinder schwitzen in der Schule.
Plötzlich blitzt und donnert es. Ein schreckliches Gewitter zieht auf.
Dicke Regentropfen spritzen gegen die Fenster. Blitze zucken am Himmel.
Als alles vorbei ist, flitzen die Kinder nach draußen und spritzen in den Pfützen.

4 Schreibe Witzsätze in dein Heft.
Es sollen Wörter mit ck oder tz
darin vorkommen.
Die Bilder helfen dir.

Spatz
spucken
Pfütze

Katze
Tatze
Glatze

Wörter mit tz und ck üben und als Reimwörter aufschreiben.

Hier üben wir

1 Setze die passenden Nomen in die Lückensätze ein.

● Schwimmbad   ● Rutsche   ● Eis   ● Becken   ● Beckenrand   ○ Jungen

Im Schwimmbad

Lena ist mit ihrem Bruder Tim im _____ .

Sie flitzen zur großen _____ . Dann holt sich Lena ein

_____ . Sie kann Tim nicht entdecken. Da sieht sie ihn!

Er tobt mit seinen Freunden im _____ herum. Lena

will sich an den _____ setzen. Auf einmal stehen die

_____ hinter ihr und spritzen sie nass.

2 Schreibe den Text in dein Heft ab.

3 Zeichne die Silbenbögen unter die Wörter.

| flitzen | sitzen | spritzen | erschrecken | lecker | entdecken |

4 Schreibe die Wörter ab. Übermale tz und ck gelb.

_____

_____

_____

_____

L Schreibe fünf Wörter aus der Wortfamilie Wasser/wasser auf.

Ich liebe Bücher

1 Wenn du in eine Bibliothek gehst, kannst du zwischen verschiedenen Büchern auswählen. Wann liest du welches Buch? Ordne die Bücher zu und setze ein.

● Roman ● Hör-CD ● Wörterbuch ● Sachbuch ● Comic ● Witzebuch

Möchtest du dich über ein Thema informieren,

wählst du ein **Sachbuch** aus.

Möchtest du etwas erzählen und darüber lachen,

wählst du ein _____ aus.

Möchtest du eine lange Geschichte lesen,

wählst du einen _____ aus.

Möchtest du eine Geschichte lesen, die in Bildern mit Sprechblasen erzählt wird,

wählst du einen _____ aus.

Möchtest du wissen, wie ein Wort geschrieben wird,

wählst du ein _____ aus.

Möchtest du eine Geschichte von einer CD vorgelesen bekommen,

wählst du eine _____ aus.

2 Was würdest du wählen? Begründe deine Wahl.

_____

_____

_____

● **der Roman:**
eine lange Geschichte

● **die Hör-CD:**
eine CD, auf der dir eine
Geschichte vorgelesen wird

● **die Bibliothek:**
ein anderes Wort
für Bücherei

Die Sprachbuchseite 74 mit allen Kindern gemeinsam besprechen
und sich über das eigene Leseverhalten austauschen.

Wörtliche Rede in Geschichten

1 Max liegt im Bett. Er kann nicht schlafen
und ruft seine Mama.
Schreibe das Gespräch auf.
Denke an die Redezeichen.

Max ruft: „Mama,

Mama fragt:

Max weint:

Mama fragt nach:

Max erklärt:

Die Sprachbuchseite 75 muss im Vorfeld gemeinsam besprochen werden
(ggf. Begriffe klären).

75

Wörter, Wörter …

1 Ordne zu und verbinde.

Auf dem **Buchdeckel** sind
der Autor oder die Autorin,
der Buchtitel, das Titelbild
und der Verlag abgedruckt.

Der Autor oder die Autorin schreiben ihren Text
mit der Hand oder am Computer.
Der **Verlag** ist eine Firma, die die Texte bearbeitet,
die Bücher drucken lässt und in die Buchläden bringt.

Der **Autor** oder die **Autorin**
hat das Buch geschrieben.

Der **Titel** ist die Überschrift
oder der Name des Buches.

Die **Blätter** sind
die Seiten, auf
denen Text und
Bilder stehen.

Die **Illustrationen**
sind die gemalten Bilder
in einem Buch.

Der **Buchrücken**
ist die schmale Seite
des Buches.

2 Fachbegriffe sind Wörter zu einem ganz bestimmten Thema oder Sachgebiet.
Hier findest du drei Fachbegriffe rund um das Thema Buch.
Setze die Fachwörter in die Sätze ein.

● Buchhandlung   ● Druckerei   ● Bibliothek   ● ~~Manuskript~~

Ein _Manuskript_ _____ ist die Fassung einer Geschichte,

so wie sie ein Autor oder eine Autorin aufgeschrieben hat.

In der _____ wird das Buch gedruckt.

In der _____ kannst du dir Bücher ausleihen.

In der _____ kannst du dir Bücher kaufen.

Das Rätsel der Sprachbuchseite 76 gemeinsam besprechen und lösen,
das themenspezifische Wortmaterial klären.

In der Bibliothek

1 Schau dir die Bücher und Zeitschriften genau an.
Ordne sie dann in das Bücherregal ein.

Der Text der Sprachbuchseite 77 muss im Klassenverband
gemeinsam besprochen werden (ggf. Begriffe klären).

77

Das kann ich schon 1

1 Schreibe zu jedem Nomen die Mehrzahl auf. Benutze Artikel.

● Tisch – _____   ● Tafel – _____

● Buch – _____   ● Land – _____

2 Setze die passenden Satzschlusszeichen ein.

Die Kinder spielen mit dem Ball

Spielst du mit uns Fußball

Gib mir den Ball

3 Schreibe die Verben in der Personalform.

kommen – er _____   ziehen – du _____

fallen – es _____   tragen – wir _____

4 b oder p ?   g oder k ?   d oder t ?

tragen – er _____   schieben – sie _____

die Tage – der _____   die Abende – der _____

5 Finde zu jedem Nomen das passende Adjektiv.

der Salz – _____   die Vorsicht – _____

der Freund – _____   die Angst – _____

Diese Seite fand ich: ○ leicht   ○ mittel   ○ schwer

Das muss ich üben: _____

Das kann ich schon 2

1 Finde im Kapitel „Winterkälte" 5 Nomen, die mit „Weihnachts" beginnen.

Weihnachtsfreude

2 Setze die Zeichen der wörtlichen Rede.

Der Weihnachtsmann fragt: Wo ist meine rote Mütze

3 Beschreibe dein Lieblingstier. Benutze auch Pronomen dafür.

4 Stelle den Satz dreimal um. Achte auf Großschreibung und Satzzeichen.

Lea und Marie   gehen   heute   ins Kino

Diese Seite fand ich: ◯ leicht   ◯ mittel   ◯ schwer

Das muss ich üben:

Das kann ich schon 3

1 Ergänze die fehlenden Vergleichsstufen.

Grundform	1. Vergleichsstufe	2. Vergleichsstufe
klein		
	länger	
		am schnellsten

2 Finde das Prädikat in den Sätzen mit der Frage: Was tut…? Unterstreiche es rot.

Max beobachtet einen Regenwurm im Garten.

Was tut Max? Er

Papa und Mia pflücken die Äpfel.

Was tun Papa und Mia? Sie

3 Schreibe zu jedem Wort mit a oder au das passende Wort mit ä oder äu.

Gras –   kalt –

Baum –   Traum –

4 Bilde zusammengesetzte Nomen. Was passt?

Haus   Ball   Schlüssel   Fuß

Schirm   Bild   Computer   Raum

Diese Seite fand ich: ◯ leicht   ◯ mittel   ◯ schwer

Das muss ich üben:

Das kann ich schon 4

1 Unterschiedliche Satzanfänge machen Texte interessanter.
Welche Satzanfänge kennst du? Schreibe auf.

zuerst,

2 Ergänze die Verbformen, die sagen, was früher geschah.
Schreibe noch 2 eigene Beispiele dazu.

heute	früher
ich male	ich
ich spiele	ich
ich gehe	ich
ich	ich
ich	ich

3 Welche Wörter gehören zu einer Wortfamilie?
Male die Wörter einer Wortfamilie mit der gleichen Farbe an.

Sommerzeit   Wasserball   Großeltern   groß   Sommertag

Mineralwasser   Wasserhahn   Sommerferien   größer

4 Welches Buch möchtest du als Nächstes lesen?
Schreibe Titel und Autor auf.

Diese Seite fand ich: ◯ leicht   ◯ mittel   ◯ schwer

Das muss ich üben:

Wörterliste

A/a

abschneiden (M)
- der Advent (M), die Advente
ähnlich (M)
alle (~)
allein (~)
alt (~)
andere (~)
ändern (⚡), sie ändert
- der Anfang (~), die Anfänge (⚡)
anfangen (~), er fängt an (⚡)
- die Angst (~), die Ängste (⚡)
ängstlich (⚡)
- der Apfel (~), die Äpfel (⚡)
- die Apfelsine (M), die Apfelsinen
- der April (~)
- die Arbeit (~), die Arbeiten
arbeiten (~), er arbeitet
ärgerlich (M)
ärgern (M), sie ärgert sich
- der Arm (~), die Arme
- der Arzt (~), die Ärzte (⚡)
- die Ärztin (⚡), die Ärztinnen
- der Ast (~), die Äste (⚡)
aufhören (~), er hört auf
aufpassen (~),
  sie passt auf (↪)
aufräumen (⚡), er räumt auf
aufstehen (~),
  er stand auf (↪)
- das Auge (~), die Augen
- der August (~)
aus (~)
außen (M)
- der Ausflug (↪), die Ausflüge
- das Auto (~), die Autos

B/b

- das Baby (M), die Babys
- der Babysitter (M), die Babysitter
backen (~), sie bäckt (↪)(⚡)
- das Bad (↪), die Bäder (⚡)
baden (~), er badet
- die Bahn (M), die Bahnen
- der Balkon (M), die Balkons
bald (M)
- der Ball (↪), die Bälle (⚡)

- der Ballon (M), die Ballons
- die Banane (~), die Bananen
- die Bank (~), die Bänke (⚡)
basteln (~), sie bastelt
bauen (~), sie baut
- der Bauer (~), die Bauern
- der Baum (~), die Bäume (⚡)
- das Becken (~), die Becken
- die Beere (M), die Beeren
- das Beet (M), die Beete
beide (~)
- das Beispiel (~), die Beispiele
beißen (M), er beißt,
  er biss (↪)
- das Benzin (M)
beobachten (~), er beobachtet
- der Berg (↪), die Berge
- der Bericht (~), die Berichte
berichten (~), sie berichtet
- der Beruf (~), die Berufe
besser (~)
bestellen (~)
am besten (~)
- der Besuch (~), die Besuche
besuchen (~), er besucht
- das Bett (↪), die Betten
bewegen (~),
  sie bewegt (↪)
bezahlen (M), sie bezahlt
- das Bild (↪), die Bilder
- der Bildschirm (↪), die Bildschirme
billig (↪)
bitten (~), sie bittet
bisschen (M)
blasen (~), sie bläst (⚡),
  er blies (~)
- das Blatt (↪), die Blätter (⚡)
bleiben (~), er bleibt (↪),
  er blieb (↪)
- der Blitz (↪), die Blitze
blitzen (~), es blitzt (↪)
blühen (~), sie blüht (↪)
- die Blume (~), die Blumen
- die Bluse (↪), die Blusen
- die Blüte (~), die Blüten
- das Bonbon (M), die Bonbons
- das Boot (M), die Boote

böse (~)
- der Brand (↪), die Brände (⚡)
brauchen (~), sie braucht
braun (~)
breit (~)
brennen (~), es brennt (↪)
- der Brief (~), die Briefe
- die Brille (~), die Brillen
bringen (~), er bringt,
  er brachte (~)
- das Brot (↪), die Brote
- die Brotdose (~), die Brotdosen
- die Brücke (~), die Brücken
- der Bruder (~), die Brüder
- das Buch (~), die Bücher
bunt (~)
- der Bus (~), die Busse
- die Butter (~)

C/c

- der Cent (M), die Cent
- der Clown (M), die Clowns
- der Computer (M), die Computer

D/d

danach (~)
danken (~), sie dankt
dann (M)
darauf (~)
daraus (~)
darüber (~)
- die Decke (~), die Decken
decken (~), er deckt (↪)
denken (~), sie denkt,
  sie dachte (~)
- der Detektiv (M), die Detektive
deutsch (~)
Deutschland (↪)
- der Dezember (~)
dick (↪)
- der Dieb (↪), die Diebe
- der Dienstag (↪), die Dienstage
dir (M)
- das Display (M), die Displays
donnern (~), es donnert
- der Donnerstag (↪),
  die Donnerstage

dort (∿)
- der Drache (∿), die Drachen
  draußen (M)
- der Dreck (→)
  drehen (∿), er dreht (→)
  drei (∿)
- das Dreieck (→), die Dreiecke
  drucken (∿), er druckt (→)
- der Drucker (∿), die Drucker
  dumm (→)
  dunkel (∿)
  dünn (→)
  dürfen (∿), er darf
- der Durst (∿)
  durstig (→), sie ist durstig

E/e

- die Ecke (∿), die Ecken
  eckig (→)
  ehrlich (M)
  einige (∿)
  einmal (∿)
  einzeln (∿)
  elektronisch (∿)
- die E-Mail (M), die E-Mails
- die Eltern (∿)
  eng (∿)
  entdecken (∿), sie entdeckt (→)
- die Erde (∿)
  erklären (⚡), er erklärt
  erlauben (∿), sie erlaubt (→)
- die Erlaubnis (→), die Erlaubnisse
- das Erlebnis (→), die Erlebnisse
- die Ernte (∿), die Ernten
  ernten (∿), er erntet
  erschrecken (∿),
  sie erschreckt sich (→)
  erste (∿)
  erzählen (M), sie erzählt
  essen (∿), er isst (→), er aß (M)
  etwas (∿)
  euch (∿)
  euer (∿)

F/f

- die Fabrik (M), die Fabriken
  fahren (M), sie fährt (⚡)
- das Fahrrad (M), die Fahrräder (⚡)

- die Fahrt (M), die Fahrten
  fallen (∿), er fällt (⚡),
  er fiel (∿)
  falsch (∿)
  fangen (∿), sie fängt (⚡)
  fassen (∿), er fasst (→)
- der Februar (∿)
  fehlen (M), sie fehlt
- der Fehler (M), die Fehler
- die Feier (∿), die Feiern
  feiern (∿), er feiert
- das Feld (→), die Felder
- das Fenster (∿), die Fenster
- die Ferien (∿)
  fernsehen (∿), er sieht fern (M)
  fertig (→)
- das Fest (∿), die Feste
  festlich (∿)
  fett (→)
  feucht (∿)
- das Feuer (∿), die Feuer
  finden (∿), er findet
- der Fisch (∿), die Fische
- die Flasche (∿), die Flaschen
- das Fleisch (∿)
- der Fleiß (M)
  fleißig (∿)
  fliegen (∿), sie fliegt (→),
  er flog (→)
- das Flugzeug (→), die Flugzeuge
  fort (∿)
  fragen (∿), er fragt (→)
- der Freitag (→), die Freitage
  fremd (→)
- das Fremdwort (→),
  die Fremdwörter
  fressen (∿), es frisst (→),
  es fraß (M)
  freuen (∿), sie freut sich
- der Freund (→), die Freunde
- die Freundin (∿), die Freundinnen
  freundlich (→)
- der Frieden (∿)
  frieren (∿), er friert
  frisch (∿)
  fröhlich (→)
  früh (→)

- der Frühling (→)
- der Fuchs (M), die Füchse
- der Fuß (M), die Füße
- das Futter (∿)
  füttern (∿), sie füttert

G/g

  ganz (∿)
- die Gardine (M), die Gardinen
- der Garten (∿), die Gärten (⚡)
- der Gärtner (⚡), die Gärtner
  geben (∿), er gibt (M),
  sie gab (→)
- der Geburtstag (→),
  die Geburtstage
- die Gefahr (M), die Gefahren
  gefährlich (M) (⚡)
  gefallen (∿), er gefällt (⚡),
  er gefiel (∿)
- das Geheimnis (∿),
  die Geheimnisse
  gehen (∿), er geht (→),
  sie ging (∿)
  gelb (→)
- das Geld (→), die Gelder
- das Gemüse (∿)
  genug (→)
- das Geschäft (⚡), die Geschäfte
  gestern (∿)
  gesund (→)
  gewinnen (∿), er gewinnt (→)
- das Gewitter (∿), die Gewitter
  glänzen (⚡), sie glänzt
- das Glas (∿), die Gläser (⚡)
  glatt (→)
  gleich (∿)
- das Glück (→)
  glücklich (→)
- das Gras (∿), die Gräser (⚡)
  gratulieren (∿), er gratuliert
  groß (M)
- die Großeltern (M)
  grün (∿)
- die Gruppe (∿), die Gruppen
  gruselig (→)
- der Gruß (M), die Grüße
  grüßen (M), sie grüßt

H/h

- das Haar (M), die Haare
  haben (∿), er hat (∿),
  du hast (∿)
- der Hahn (M), die Hähne (⚡)
  halten (∿), sie hält (⚡),
  sie hielt (∿)
- das Handy (M), die Handys
  hängen (⚡), es hängt,
  es hing (∿)
  hart (∿)
  hässlich (⚡) (↪)
  sie hatte (∿)
- das Haus (∿), die Häuser (⚡)
  heben (∿), sie hebt (↪),
  er hob (↪)
- das Heft (∿), die Hefte
  heilig (↪)
  heiß (M)
  heißen (M), er heißt
  helfen (∿), sie hilft
  hell (↪)
  heraus (∿)
- der Herbst (M)
  herein (∿)
- der Herr (↪), die Herren
- das Herz (∿), die Herzen
  heute (∿)
  hier (∿)
- der Himmel (∿)
  hinaus (∿)
  hinein (∿)
- die Hitze (∿)
- das Hobby (M), die Hobbys
  hoch (∿), hohe, höher (∿)
- der Hof (∿), die Höfe
  hoffentlich (∿)
  hoffen (∿), sie hofft (↪)
  hohl (M)
- die Höhle (M), die Höhlen
  holen (∿), er holt
- das Holz (∿), die Hölzer
- die Homepage (M)
  hören (∿), er hört
- die Hose (∿), die Hosen
- der Hund (↪), die Hunde
- der Hunger (∿)
  hungrig (↪)
  hüpfen (∿), sie hüpft

I/i

- der Igel (M), die Igel
  ihm (M)
  ihn (M)
  ihnen (M)
  ihr (M), ihre (M), ihren (M)
  immer (∿)
- die Information (M),
  die Informationen
  informieren (∿),
  sie informiert sich
- der Inliner (M), die Inliner
- die Internetseite (∿),
  die Internetseiten
  interessant (∿)

J/j

- die Jacke (∿), die Jacken
  jagen (∿), er jagt (↪)
- der Jäger (⚡), die Jäger
- das Jahr (M), die Jahre
- der Januar (∿)
  jeder (∿)
  jetzt (M)
- der Juli (M)
  jung (↪)
- der Junge (∿), die Jungen
- der Juni (M)

K/k

- der Kaffee (M)
- der Käfig (M), die Käfige
  kalt (∿)
- der Kamm (↪), die Kämme (⚡)
  kämmen (⚡), sie kämmt (↪)
- das Kaninchen (M), die Kaninchen
- die Kanne (∿), die Kannen
- die Kartoffel (∿), die Kartoffeln
- die Katze (∿), die Katzen
  kaufen (∿), er kauft
  kein (∿)
  kennen (∿), er kennt (↪),
  sie kannte (↪)
- die Kerze (∿), die Kerzen
- die Kette (∿), die Ketten
- das Kilogramm (M)
- das Kind (↪), die Kinder
- das Kino (M), die Kinos
- der Kiosk (M), die Kioske
  kippen (∿), es kippt (↪)

- die Klasse (∿), die Klassen
- das Klassenzimmer (∿),
  die Klassenzimmer
- das Kleid (↪), die Kleider
  klein (∿)
  klettern (∿), er klettert
  klopfen (∿), sie klopft
- der Koffer (∿), die Koffer
  kommen (∿), er kommt (↪),
  sie kam (M)
  können (∿), sie kann (↪)
- der Kopf (∿), die Köpfe
- der Korb (↪), die Körbe
- die Kraft (∿), die Kräfte (⚡)
  krank (∿)
- der Kreis (∿), die Kreise
- der Krieg (↪), die Kriege
- die Küche (∿), die Küchen
- der Kuchen (∿), die Kuchen
  kühl (M)

L/l

  lachen (∿), er lacht
- die Lampe (∿), die Lampen
- das Land (↪), die Länder (⚡)
  langsam (∿)
  langweiligen (∿),
  sie langweilt sich
- der Lärm (M)
  lassen (∿), sie lässt (⚡) (↪),
  sie ließ (M)
- das Laub (M)
  laufen (∿), er läuft (⚡),
  sie lief (∿)
  lauschen (∿), er lauscht
  laut (∿)
  leben (∿), sie lebt (↪)
- der Lebkuchen (↪), die Lebkuchen
  lecken (∿), er leckt (↪)
  lecker (∿)
  leer (M)
  legen (∿), er legt (↪)
- der Lehrer (M), die Lehrer
- die Lehrerin (M), die Lehrerinnen
  leicht (∿)
  lernen (∿), sie lernt
  lesen (∿), er liest (∿),
  sie las (∿)
  letzte (M)
  leuchten (∿), es leuchtet

o die Leute

- das Lexikon, die Lexika
- das Licht, die Lichter
  lieben, sie liebt
- das Lied, die Lieder
  liegen, er liegt,
  sie lag
- das Lineal, die Lineale
  links (M)
- der Liter (M), die Liter
- das Loch, die Löcher
- der Löffel, die Löffel
- die Lokomotive (M),
  die Lokomotiven
  lösen, sie löst
- die Luft, die Lüfte
  luftig
  lustig

M/m

  machen, sie macht
- das Mädchen (M), die Mädchen
- der Mai (M)
  malen, er malt
  manche
  manchmal
- der Mann, die Männer
- das Märchen (M), die Märchen
- der Markt, die Märkte
- der März (M)
- die Maschine (M), die Maschinen
- die Mathematik (M)
- das Medium, die Medien
- die Medizin (M),
- das Meer (M), die Meere
- das Mehl (M)
  mehr (M)
  am meisten
- die Menge, die Mengen
- der Mensch, die Menschen
  messen, sie misst,
  sie maß (M)
- das Messer, die Messer
- die Milch
- die Minute, die Minuten
  mir (M)
- der Mittag, die Mittage
- die Mitte
- der Mittwoch, die Mittwoche
  mögen, er mag

- der Monat, die Monate
- der Mond, die Monde
- der Montag, die Montage
- das Moos (M), die Moose
  morgen
- die Musik (M)
  müssen, er muss
- die Mutter, die Mütter
- die Mütze, die Mützen

N/n

  nächste (M)
- der Name, die Namen
- die Nase, die Nasen
  nass
  natürlich
- der Nebel
  nehmen (M), er nimmt (M)
  nennen, sie nennt
  neu
  nicht
  noch
- der November (M)
- die Nummer, die Nummern
  nummerieren,
  sie nummeriert
  nun
- die Nuss, die Nüsse

O/o

  oben
- das Obst (M)
  oder
  offen
  öffnen, er öffnet
  ohne (M)
- das Ohr (M), die Ohren
- der Oktober
- der Onkel, die Onkel
- der Ort, die Orte

P/p

- das Paar (M), die Paare
  paar (M)
  packen, sie packt
- das Paket, die Pakete
- das Papier, die Papiere
- der Papierkorb,
  die Papierkörbe
  passen, es passt
- die Pause, die Pausen

- das Pferd, die Pferde
- die Pflanze, die Pflanzen
  pflanzen, er pflanzt
- das Pflaster, die Pflaster
  pflegen, er pflegt
  pflücken, sie pflückt
- die Pfütze, die Pfützen
- der Pilz, die Pilze
- der Pirat, die Piraten
- die Pizza (M), die Pizzen
- das Plakat, die Plakate
- der Plan, die Pläne
  planen, sie plant
- die Platte, die Platten
- der Platz, die Plätze
  plötzlich (M)
  prasseln,
  der Regen prasselt
- der Preis, die Preise
- das Programm, die Programme
- der Punkt, die Punkte
  pünktlich
- die Puppe, die Puppen
  putzen, er putzt

Qu/qu

- das Quadrat, die Quadrate
- die Qual, die Qualen
  quälen, er quält
- der Quark
- die Quelle, die Quellen

R/r

- das Rad, die Räder
- der Radiergummi,
  die Radiergummis
- das Radio, die Radios
- der Rand, die Ränder
  raten, sie rät
- das Rätsel, die Rätsel
- der Raum, die Räume
  rechnen, sie rechnet
  rechts (M)
- der Regen
  regnen, es regnet
- das Reh, die Rehe
  reich
- die Reihe, die Reihen
- der Reim, die Reime
- die Reise, die Reisen

reisen, er reist
reißen (M), sie reißt, sie riss
reiten, er reitet
rennen, er rennt
riesig
- der Ring, die Ringe
  rollen, es rollt
- die Rosine, die Rosinen
- der Roller, die Roller
  rot
- der Rücken, die Rücken
  rufen, sie ruft
- die Ruhe
  ruhen, er ruht
  rund

S/s

- der Saal (M), die Säle (M)
- die Sache, die Sachen
- der Sack, die Säcke
  sagen, sie sagt
- das Salz, die Salze
  sammeln,
  er sammelt
- der Samstag,
  die Samstage
- der Sand, die Sande
  satt
- der Satz, die Sätze
  sauber
  schaffen, er schafft
  scharf
  scheinen, sie scheint,
  sie schien
  schenken, er schenkt
  schicken, sie schickt
  schieben, er schiebt
- das Schiff, die Schiffe
  schimpfen, er schimpft
  schlafen, er schläft,
  sie schlief
  schlagen, sie schlägt,
  er schlug
  schlecht
  schließen (M), er schließt
  schlimm
  schlüpfen, sie schlüpft
- der Schluss, die Schlüsse
  schmecken,
  es schmeckt

- der Schmetterling,
  die Schmetterlinge
  schmücken,
  er schmückt
- der Schmutz
  schmutzig
- der Schnee (M)
  schnell
  schon
- der Schrank, die Schränke
  schreiben, sie schreibt,
  er schrieb
  schreien, er schreit,
  sie schrie
- der Schuh, die Schuhe
- die Schule, die Schulen
- die Schultasche,
  die Schultaschen
- die Schüssel, die Schüsseln
- der Schwamm,
  die Schwämme
  schwarz
  schwer
- die Schwester, die Schwestern
  schwierig
- das Schwimmbad,
  die Schwimmbäder
  schwimmen,
  er schwimmt
  schwitzen, sie schwitzt
  sechs (M)
- der See (M), die Seen
  sehen, sie sieht (M),
  sie sah
  sehr (M)
  seit
  selbst (M)
  senden, sie sendet
- der September
  setzen, er setzt
  sieben, siebte
  sie sind (M)
  singen, er singt
  sitzen, sie sitzt
  sollen, er soll
- der Sommer, die Sommer
- die Sonne, die Sonnen
- der Sonntag, die Sonntage
  spannend
  sparen, sie spart

- der Spaß (M), die Späße
  spät (M), später
  spazieren, er spaziert
- der Spaziergang,
  die Spaziergänge
- das Spiel, die Spiele
  spielen, er spielt
- die Spielsache, die Spielsachen
  spitz
- der Sport
  sprechen, er spricht
  springen, sie springt
  spritzen, es spritzt
  stachelig
- die Stadt (M), die Städte
- der Stamm, die Stämme
  stark
  stecken, er steckt
  stehen, sie steht,
  sie stand
- der Stein, die Steine
- die Stelle, die Stellen
  stellen, er stellt
- der Stern, die Sterne
- der Stift, die Stifte
  still
- der Stock, die Stöcke
  stoßen (M), sie stößt,
  sie stieß (M)
  strahlen (M), er strahlt
- der Strand, die Strände
- die Straße (M), die Straßen
- der Strauch, die Sträucher
- der Streit, die Streite
  streiten, sie streitet
- das Stück, die Stücke
- der Stuhl (M), die Stühle
- die Stunde, die Stunden
  suchen, sie sucht
- die Suppe, die Suppen
  süß (M)

T/t

- das Tablet (M), die Tablets
- die Tafel, die Tafeln
- der Tag, die Tage
  täglich
- die Tante, die Tanten
  tanzen, sie tanzt
- die Tasche, die Taschen

- der Tee (M)
- der Teig (↪), die Teige
- das Telefon (∿), die Telefone
- der Teller (∿), die Teller
- die Temperatur (∿),
  die Temperaturen
- der Text (∿), die Texte
- das Theater (M), die Theater
- das Thermometer (M),
  die Thermometer
  tief (∿)
- das Tier (∿), die Tiere
- der Tisch (∿), die Tische
- die Torte (∿), die Torten
  tragen (∿), er trägt (⚡)
- der Trainer (M), die Trainer
- der Traum (∿), die Träume (⚡)
  treffen (∿), er trifft (↪)
- die Treppe (∿), die Treppen
- der Trick (M), die Tricks
  trinken (∿), sie trinkt
  trocken (∿)
- der Tropfen (∿), die Tropfen
  tropfen (∿), es tropft
  trüb (↪)
- die Truhe (∿), die Truhen
- das Tuch (∿), die Tücher
- die Tür (∿), die Türen
  turnen (∿), er turnt
- die Tüte (∿), die Tüten

U/u

  üben (∿), sie übt (↪)
  über (∿)
- die Übung (∿), die Übungen
- die Uhr (M), die Uhren
  umkehren (M), er kehrt um
  umziehen (∿), sie zieht um (↪)
  und (M)
  ungefähr (M)
  sich unterhalten (∿),
  sie unterhält sich (⚡)
  untersuchen (∿), sie untersucht
  unterschiedlich (↪)
- der Urlaub (↪)

V/v

- die Vase (M), die Vasen
- der Vater (M), die Väter (⚡)
  verbieten (M), er verbietet

- das Verbot (M), die Verbote
  verbrauchen (M), sie verbraucht
  verfolgen (M), er verfolgt (↪)
  vergessen (M), sie vergisst (↪),
  sie vergaß (M)
- der Verkehr (M)
  verkleiden (M),
  er verkleidet sich
  verletzen (∿), er verletzt (↪)
  verlieren (M), er verliert,
  sie verlor (M)
  sich verpuppen (M),
  sie verpuppt sich (↪)
  vertragen (M),
  sie vertragen sich
  viel (M), viele
  vielleicht (M)
  vier (M)
- die Violine (M), die Violinen
- das Vitamin (M), die Vitamine
- der Vogel (M), die Vögel
- das Volk (M), die Völker
  voll (M)
  vom (M)
  von (M)
  vor (M)
  vorsichtig (M) (↪)

W/w

  wachsen (M), es wächst (⚡)
- die Wahl (M), die Wahlen
  wählen (⚡), er wählt
  wahr (M)
- die Wahrheit (M)
  während (M)
- der Wald (↪), die Wälder (⚡)
- die Wand (↪), die Wände (⚡)
  es war (∿)
  warm (∿)
  wärmen (⚡), sie wärmt
  waschen (∿), er wäscht (⚡)
- die Waschmaschine
- das Wasser (∿)
  wecken (∿), sie weckt (↪)
- der Weg (↪), die Wege
  wehen (∿), er weht (↪)
  weich (∿)
  Weihnachten (M)
  weiß (M)
  weit (∿)

  weiter (∿)
  welche (∿)
  wenn (M)
  werden (∿), sie wird (↪)
  werfen (∿), er wirft
- das Wetter (∿)
  wichtig (∿)
  wieder (∿)
  wiegen (∿), sie wiegt (↪)
- die Wiese (∿), die Wiesen
  wild (↪)
- der Wind (↪), die Winde
- der Winter (∿), die Winter
  wir (M)
  wissen (∿), er weiß (M),
  sie wusste (↪)
- der Witz (↪), die Witze
  witzig (↪)
- die Woche (∿), die Wochen
  wohnen (M), sie wohnt
- die Wohnung (M)
  die Wohnungen
- die Wolke (∿), die Wolken
  wollen (∿), sie will (↪)
- das Wort (∿), die Wörter
  wünschen (∿),
  er wünscht
- die Wut (∿),
  er ist wütend (↪)

Z/z

- die Zahl (M), die Zahlen
  zählen (∿), sie zählt
- der Zahn (M),
  die Zähne (⚡)
  zeichnen (∿),
  er zeichnet
  zeigen (∿), er zeigt (↪)
- die Zeit (∿), die Zeiten
  ziehen (∿), sie zieht,
  er zog (↪)
- das Ziel (∿), die Ziele
- das Zimmer (∿), die Zimmer
- der Zoo (M), die Zoos
  zuerst (∿)
- der Zug (↪), die Züge
- die Zukunft (∿)
  zukünftig (↪)
  zuletzt (M)
- der Zwerg (↪), die Zwerge

Zur Konzeption des Jo-Jo Arbeitshefts Fördern

Das Jo-Jo Arbeitsheft Fördern ist eng auf die Themenkapitel des Jo-Jo Sprachbuchs abgestimmt. Jeder Sprachbuchseite der zwölf Themenkapitel ist eine Seite im Arbeitsheft Fördern zugeordnet: Seite 4 im Förderheft entspricht Seite 4 im Sprachbuch usw.

Im Jo-Jo Arbeitsheft Fördern werden die wichtigsten Inhalte und Aufgaben der Sprachbuchseiten vereinfacht aufbereitet. Dabei werden besonders auch solche Aspekte berücksichtigt, die für den **Zweitspracherwerb** relevant sind, z.B.:
– Der Wortschatz der Sprachbuchseiten wird durch Illustrationen verdeutlicht.
– Nomen erscheinen stets mit farbig gekennzeichnetem Artikel.
– Vorgaben von Satzmustern erleichtern und üben die Bildung korrekter grammatischer Strukturen.
– Wiederkehrende Übungsformate fördern das selbstständige Arbeiten.
– Aufgabenformulierungen bleiben bei gleicher Aufgabenstellung auch sprachlich gleich.
– Jo-Jo-Aufgaben bieten Differenzierungsangebote für fortgeschrittene Kinder.

Die Einführung in die Thematik der einzelnen Sprachbuchseiten findet immer gemeinsam mit allen Kindern statt. Diese Vorbereitung ist Voraussetzung für die weitgehend selbstständige Bearbeitung der Sprachförderheftseiten.

Auf zahlreichen Seiten des Arbeitshefts Fördern wird in der Wort-Bild-Leiste der lexikalische Bereich der entsprechenden Sprachbuchseite geklärt. Das dort enthaltene Wortmaterial wird im Arbeitsheft Fördern an anderen Stellen wiederholt, sodass eine Festigung des Wortschatzes möglich wird.

Analog zum Sprachbuch werden auf verschiedenen Förderheftseiten (vereinfachte) Jo-Jo-Aufgaben zur Differenzierung angeboten.

Kapitelauftaktseiten: Im Unterrichtsgespräch über die Auftaktseiten lernen die Kinder das Thema des Kapitels und den schwerpunktmäßig benötigten Wortschatz kennen. Die entsprechende Seite im Arbeitsheft Fördern greift Bildausschnitte aus der Sprachbuchseite auf und arbeitet in vereinfachter Form am Bildinhalt. Dabei werden insbesondere Satzmuster zur Bildbeschreibung und das Antworten in vollständigen Sätzen geübt.

Hier üben wir: Auf diesen Seiten werden die Kinder mit dem Übungstext im Sprachbuch vertraut. Zum Verständnis des Inhalts wird der Sprachbuchtext durch Bildmaterial unterstützt. Vereinfachte Sätze sollen den Bildern zugeordnet und abgeschrieben werden, so dass mehrfach mit dem Wortmaterial gearbeitet wird. Durch das Abschreiben ergibt sich ein vereinfachter kurzer Text, passend zum Übungstext im Sprachbuch, der einen großen Teil des dortigen Übungswortschatzes enthält.

Das kann ich schon-Seiten: Hier erhalten auch die Kinder, die mit dem Arbeitsheft Fördern arbeiten, die Möglichkeit zu zeigen, was sie in den einzelnen Kapiteln an Lernzuwachs erworben haben.

Das Arbeitsheft Fördern ist für den **unterrichtsbegleitenden Einsatz** konzipiert. Es kann nach der gemeinsamen Einführung in das Thema der Sprachbuchseite als Alternativangebot zu den Sprachbuchaufgaben eingesetzt werden. Während ein Teil der Kinder die Übungen im Sprachbuch bearbeitet, können andere Kinder im Arbeitsheft Fördern bei annähernd gleicher Zielsetzung selbstständig an den sprachlich und inhaltlich aufbereiteten Aufgaben arbeiten. So werden diese Kinder durch das Arbeitshefts Fördern nicht noch mit zusätzlichen Arbeitszeiten belastet. Die Übungen sind so angelegt, dass der damit verbundene Zeitaufwand in etwa der Bearbeitung der Sprachbuchaufgaben entspricht.

Je nach Leistungsvermögen der Kinder können einzelne Sprachbuchaufgaben im Anschluss an die Arbeit im Arbeitsheft Fördern ebenfalls bearbeitet werden.

Wird das Arbeitsheft Fördern **unterrichtsvorbereitend** eingesetzt, ist es unerlässlich, dass die Aufgaben und Übungen durch die Lehrerin vorbereitet und begleitet werden.

Zur **Nachbereitung des Unterrrichts** kann das Arbeitsheft Fördern als zusätzliches Übungsmaterial, z.B. als Hausaufgabe, eingesetzt werden.